Die Brüder Asam

kleine bayerische biografien

herausgegeben von
Thomas Götz

PETER MORSBACH

Die Brüder Asam

Vom Leben im Theater der Kunst

Verlag Friedrich Pustet
Regensburg

In memoriam Peter Morsbach
(1956–2025)

Inhalt

Vorwort **7**

1 Von der Schwierigkeit, die Künstler zur Stell' zu bringen **10**

2 Der Familienbande erster Teil: Die Eltern **18**
Georg Asam, der Braumeistersohn aus Rott am Inn / Maria Theresia Asam, geb. Prugger – Malerin, Vergolderin und Lehrmeisterin ihrer Kinder

3 Die beiden leiblichen Brüder aus München **29**
Jugend und Ausbildung / Der Aufstieg / Die Zeit der Großaufträge / »bey sehr ausgearbeitheten Chräften« / Der frühe Tod der Kinder und der Ehefrauen / Aus dem Leben einer Künstlerfamilie / Egid Quirin, der Junggeselle / Die frommen Brüder / Das Ende

4 Italienische Wurzeln **54**
»Todeschi piu idioti nell' edificare« – keine Ahnung vom Bauen / »Cosimo Damiano Asavi Bavaro« – Der Bayer Cosmas Damian Asam in Rom / Auch Egid Quirin in Rom?

5 Der Familienbande anderer Teil: Schwester und Schwager **63**
Maria Salome, geb. Asam, verwitwete Bornschlegel, verheiratete Schmidt / Franz Joseph Mörl, alter Freund und Kupferstecher

6 ›Vitamin B‹: Die Asams und ihre
Auftraggeber **69**
*Die Hauskünstler der Benediktiner / Weltliche
Beziehungen / Der Vorteil des Familienclans*

7 Wie die Herren Künstler sich selbst sahen
und wie sie gesehen wurden **79**
*… und nichts dahinter: Die Weltenburger Portraits /
Der Maler und seine Brüder / Zweimal EgidQuirin /
Maria Salome Asam und ihre Brüder / Cosmas Damian
Asam: Jäger und Narr / Der Arme Sünder von Osterhofen /
»Mi Bovereto Homo« – Ich armseliger Mensch / »so habe
ich meinen H. Bruedter berschwadiert« / »Rechtschaffene,
comportabile und raisonable fleißige Künstler und
Menner« / »Nichts, als lauter Chicane« – Der Streit mit
dem Fürstbischof*

8 Glanz und Elend des Künstlerlebens **103**
*Die Großverdiener / Mehr Elend als Glanz /
Das gnadenlose System des Lustbauwesens*

9 Die Häuser der Familie Asam
in München **116**
*Das Nomadenleben einer Künstlerfamilie / Das Stecken-
macherhaus in der Hinteren Schwabinger Gasse / »Asamisch:
M: Einsidl: Dall« – der Sommersitz in Thalkirchen / Sendlinger
Straße: Das bedeutendste Künstlerhaus des 18. Jahrhunderts /
Cosmas Damian als Grundstücksspekulant*

10 Der Familienbande letzter Teil:
Die Kinder **128**
*Maria Anna Theresia Asam, die Nonne als Künstlerin /
Franz Erasmus Asam, der Sohn im Schatten des Vaters*

Anhang **135**
*Genealogie der Familie Asam / Werkverzeichnis /
Literatur / Namens- und Ortsregister / Bildnachweis /
Übersichtskarte*

Vorwort

»... consulendos esse desuper in hac arte peritos praecipue toto orbe celeberrimos duos germanos fratres Cosmam Damianum et Aegydium de Asam, qui multas ecclesias iam construxissent ad usque miraculum ...«

Mit diesen rühmenden Worten charakterisiert 1747 Jacob Passler, der Chronist der Reichsabtei St. Emmeram in Regensburg, den Ruf der Brüder Asam in Bayern und Süddeutschland: »es mussten dazu die beiden in dieser Kunst erfahrenen und auf dem ganzen Erdkreis höchst berühmten leiblichen Brüder Cosmas Damian und Egid von Asam zu Rate gezogen werden, die schon viele Kirchen auf wunderbarste Weise erbaut hatten ...«

Und in der Tat werden keine anderen Künstler so mit dem bayerischen Spätbarock gleichgesetzt wie Cosmas Damian Asam (1686–1739) und sein Bruder Egid Quirin (1692–1750). Ihre Schöpfungen zählen zu den bedeutendsten Leistungen der Kunst des 18. Jahrhunderts, doch über sie selbst gibt es nur spärliche Nachrichten.

Es geht in diesem Buch nicht um eine kunsthistorische Würdigung ihres Werkes; das haben Berufenere getan. Unsere Fragen sind: Wie lebten und liebten sie? Wie sah ihr Familienleben aus? Was verdienten sie, was gaben sie aus? Wie war das Verhältnis zu ihren Auftraggebern? Wie sahen sie sich selbst und wie urteilten die Zeitgenossen über sie?

Es geht also um eine kurzgefasste Lebensbeschreibung der Asams und ihrer Familie, wie es sie in dieser Form bislang noch nicht gab. Freilich fehlt es nicht an biografischen Abrissen, von Philipp Maria Halm, Erika Hanfstaengl, Hans-Leopold Zollner, Josef H. Biller, Bernhard Rupprecht oder Volker Liedke. Durch Eva Langenstein und Angelika Mundorff sind auch andere Familienmitglieder endlich ins verdiente Licht gesetzt worden.

Es gibt eine kaum überschaubare Zahl an Quellen zu Leben und Werk der Asams – Briefe, Verträge, Rechnungen, Urkunden, Berichte, Protokolle –, von denen zahlreiche von Gabriele

Dischinger, Rita Penzlin, Volker Liedke und anderen publiziert wurden, nur die meisten sind in Dutzenden von Aufsätzen und Abhandlungen an zum Teil sehr entlegenen Stellen zu finden. Ich habe mit dankbarem Bewusstsein in den gefüllten Obstkörben der Forschung gewühlt und hemmungslos die besten Früchte entnommen; auf Einzelnachweise musste ich aufgrund des essayistischen Konzepts der KLEINEN BAYERISCHEN BIOGRAFIEN verzichten.

Es sollen möglichst viele zeitgenössische Quellen zu Wort kommen. Um sie verständlicher zu machen (man liest sie dazu am besten laut und im Dialekt), sind Groß- und Kleinschreibung und Interpunktion behutsam dem heutigen Gebrauch angenähert. Dies gilt nicht für Inschriften.

1986 wurde in einer großen Ausstellung in Aldersbach des 300. Geburtstags von Cosmas Damian Asam in so grundlegender Weise gedacht, dass seitdem nur wenig neue Forschungen angestellt wurden, wie anlässlich der jüngst abgeschlossenen Restaurierungen des Freisinger Doms und der Klosterkirche Weltenburg.

Der 300. Geburtstag des ›kleinen‹ Bruders Egid Quirin im Jahre 1992 ging ebenso unbemerkt vorüber wie 2017 sein 325. Geburtstag. Es ist unverständlich, warum ein solch vielseitiger und genialer Künstler, der zu den größten des bayerischen Barocks zählt und in der Vielzahl seiner Talente den Bruder weit übertraf, von der Forschung bislang konsequent ignoriert wird, wenn man von wenigen Werkmonografien wie denen von Herbert Brunner oder Gabriel Hefele und einer Reihe von Aufsätzen absieht. Zumindest als gleichrangige Künstler haben Erika Hanfstaengl und Bernhard Rupprecht die Asams behandelt. Vielleicht kann dieses kleine Werk ja einen Impuls in diese Richtung aussenden?

Es ist mir angenehm, vielen lieben Menschen für ihre wertvolle und unkomplizierte Unterstützung zu danken: Dr. Pavel Alfery-Hrdina (Prag); Archiv für Kunstgeschichte Ludwig Meyer (München); Dr. Maria Baumann (Diözesanmuseum Regensburg); Dr. Tobias Beck (Ingolstadt); Dr. Anke Borgmeyer und Dr. Markus Hundemer (Bayerisches Landesamt für Denkmalpflege, München); Luitpold Dietl (Michelfeld); Dipl.-Archivarin Eva Maria Graf (Stadtarchiv München); Abt Thomas M. Freihart OSB (Kloster Weltenburg); Martin Mádl (Kunsthistorisches Institut der Universität Prag); Andreas Meyerhans (externes Archiv der Benediktinerabtei Einsiedeln); Mag. Alexandra Moritsch (Dorotheum Wien); Angelika Mundorff M. A. (Stadtmuseum Fürstenfeldbruck); Gerald Richter (Regensburg); Dr. Peter Schiffer (Hohenlohe-Zentralarchiv Neuenstein); Ltd. Baudirektor Hans Weber (Staatl. Bauamt Regensburg); Kulturreferent Klemens Unger (Regensburg). Dem Herausgeber der KLEINEN BAYERISCHEN BIOGRAFIEN, Dr. Thomas Götz, danke ich für seine Geduld mit dem säumigen Schreiberling.

*»Von denen Hh. Asamben aber hören wir
ganz und gar nichts mehr«*

1 Von der Schwierigkeit, die Künstler zur Stell' zu bringen

In den letzten Maitagen des Jahres 1730 kommt der Maler Cosmas Damian Asam in das wenige Kilometer südlich von Regensburg gelegene Schloss zu Alteglofsheim. Hier hat er mit dem kurbayerischen Reichstagsgesandten, Reichsgraf Johann Georg II. von Königsfeld, einen Akkord über 500 fl. geschlossen, für die er einen kleinen Festsaal auszumalen hat. Er steckt mitten in drei großen Aufträgen zwischen München und Mannheim, bereitet einen weiteren Großauftrag in Osterhofen vor, hetzt unermüdlich von Baustelle zu Baustelle und bringt für Alteglofsheim eigentlich gar keine Zeit mit.

Doch Alteglofsheim hat für Cosmas Damian eine besondere Bedeutung und es ist nicht sein erster Aufenthalt im Schloss. Den sieben Jahre älteren Auftraggeber kennt er seit seinen künstlerischen Anfängen in der Werkstatt seines Vaters Georg Asam. Mehr noch: Bei Königsfeld hat Cosmas Damian als 18-jähriger Malergehilfe vielleicht sein erstes eigenes Geld verdient.

Blättern wir im Kalender 28 Jahre zurück in das Jahr 1702. Der 23-jährige Reichsgraf Johann Georg hat in seinem unweit von Straubing gelegenen Schloss Schönach ein ehrgeiziges Bauprojekt in Angriff genommen: Durch den kurfürstlichen Oberhofbaumeister Giovanni Antonio Viscardi lässt er das Schloss durchgreifend modernisieren.

Die Zeit ist günstig für ein solches Unternehmen: Der Ausbruch des Spanischen Erbfolgekrieges hat die Bautätigkeit der bayerischen Klöster aufgrund der ihnen auferlegten Kriegskontributionen weitgehend zum Erliegen gebracht. Die arbeitslosen Künstler müssen sich neue Tätigkeitsfelder suchen – und finden sie nicht zuletzt im Schlossbau.

Der Spanische Erbfolgekrieg
wurde von 1701 bis 1714 zwischen Österreich und Frankreich um das Erbe König Karls II., des letzten spanischen Habsburgers, geführt. Sein Universalerbe sollte Joseph Ferdinand, der Sohn des bayerischen Kurfürsten Max Emanuel, werden. Da sich Max Emanuel 1703 gegen seinen Schwiegervater, Kaiser Leopold I., auf die Seite König Ludwigs XIV. von Frankreich schlug, wurde auch Bayern zum Kriegsschauplatz. In der Schlacht bei Höchstädt an der Donau wurde Max Emanuel 1704 durch das österreichische Heer unter Prinz Eugen von Savoyen und die alliierten englisch-niederländischen Truppen unter General John Churchill, dem ersten Herzog von Marlborough, geschlagen und bis zum Kriegsende ins Exil verbannt.

Viscardi bringt jene Künstler und Handwerker nach Schönach mit, mit denen er gerade für Königsfelds Schwager und Standesgenossen, den Reichsgrafen Lorenz Franz Xaver von Tilly, das Schloss zu Helfenberg ausgestattet hat: den Steinmetz Rössl aus Stadtamhof bei Regensburg, den kurfürstlichen Hofstuckator Niccoló Perti aus München und den Maler Georg Asam mit seiner Familie, der meistens dort wohnt, wo er gerade arbeitet.

Die Asams sind ein kleines, aber effektives Familienunternehmen: Georg ist Maler, seine Frau Maria Theresia Freskantin, Fassmalerin und Vergolderin; bei ihr lernt die 1685 geborene Tochter Maria Salome ihr Handwerk, die sich später selbst auf diesem Gebiet einen Namen machen wird, und ihr ein Jahr jüngerer Bruder Cosmas Damian wird vom Vater in der Malerei und von der Mutter im Vergolden ausgebildet; Egid Quirin ist mit seinen zehn Jahren noch zu jung für eine Lehre, aber er lernt vielleicht schon Farben zu reiben oder hilft Mörtel rühren.

Am 29. November 1704 werden Cosmas Damian 7 fl. für nicht näher genannte Arbeiten in Schönach ausbezahlt. Das ist der früheste Beleg für die eine oder andere selbstständige künstlerische Tätigkeit. In diesem Jahr geht er seinem Vater auch bei der – verlorenen – Ausmalung der Stadtpfarrkirche

St. Jakob in Cham zur Hand, wofür ihm ein Trinkgeld von 1 fl. verabfolgt wird.

Im Juli 1705 malen Vater und Sohn in Schloss Alteglofsheim einen Gartensaal aus – nichts Großes, reine Dekorationsmalereien: Georg Asam erhält dafür 12 fl. und Cosmas Damian verdient 36 Kreuzer.

Die bayerische Währung

Die an Österreich orientierte bayerische Währung bestand aus drei Einheiten, dem Gulden, dem Kreuzer und dem Heller, die im Zahlungsverkehr mit ›fl.‹ (Florin, Florentiner) oder ›f‹ (fiorini), ›kr.‹ oder ›x‹ und ›h‹ abgekürzt wurden. Gerechnet wurde: 1 fl. = 60 kr., 1 kr. = 4 h. Mit der Einführung der Reichsmark 1871/72 rechnete man 100 fl. in 172,42 Mark um, 1 Heller war nun ein halber Pfennig.

28 Jahre später: Graf Königsfeld und die Brüder Cosmas Damian und Egid Quirin Asam haben Karriere gemacht, alle drei stehen im Zenit ihres Ruhmes. Königsfeld hält sich seit 1728 als kurfürstlicher Gesandter in diplomatischer Mission in Soissons und Paris auf und nützt diese Abwesenheit, sein Schloss à la mode bringen zu lassen. Die von ihm dafür verpflichteten Hofkünstler gehören zur ersten Garde ihrer Zeit: die Stuckateure Johann Baptist Zimmermann und Johann Georg Üblhör, der Maler Gottfried Nikolaus Stuber, der Baumeister und Dekorateur François de Cuvilliés, die Hofschreiner Wenzel Miroffski oder Johann Adam Pichler – und die Asams.

Für den Ausbau des Westflügels von Schloss Alteglofsheim ab 1725 bedient man sich des bewährten Bautrupps, der unter der Leitung des kurfürstlichen Maurermeisters Michael Wolf aus Stadtamhof nicht weit entfernt in Kloster Weltenburg arbeitet. Mit den Asams hat Königsfeld längst über die Ausstattung des neuen Festsaals, des ›Sommersalettls‹, verhandelt. Es könnte damit im Herbst dieses Jahres begonnen werden ... wenn die Herren Künstler dazu Zeit fänden!

Doch deren Auftragsbücher sind wie immer mehr als voll: 1727 und 1728 arbeiten sie überwiegend in Böhmen, in Břevnov,

Kladrau und in der Wallfahrtskirche Bílá Hora bei Prag, außerdem hat Cosmas Damian 1727 noch die Ausmalung der Klosterkirche Einsiedeln in der Schweiz fertig zu stellen; im gleichen Jahr beginnen die Asams auch mit der Ausstattung der Heilig-Geist-Kirche in München, die bis 1730 dauern wird. 1728 muss Cosmas Damian neben Bílá Hora auch die Schlosskirchen in Bruchsal und Mannheim ausmalen. In diesem und dem folgenden Jahr 1729 sind die Brüder mit der Neuausstattung der Zisterzienserkirche Gotteszell im Bayerischen Wald beschäftigt, Cosmas Damian wird die Hofkirche in Bruchsal vollenden und den Rittersaal im Schloss Mannheim ausmalen. Gleichzeitig stattet er in München mit seinem Bruder 1729/30 die Klosterkirche St. Anna im Lehel und sein eigenes Wohnhaus aus, das ›Schlössl‹ Maria Einsiedel in Thalkirchen. 1730 steht für Cosmas Damian die Ausmalung des Haupttreppenhauses im Mannheimer Schloss an. Egid Quirin arbeitet seit 1729 nicht nur in St. Anna im Lehel, sondern auch an der Stuckierung der Klosterkirche Osterhofen. Gleichzeitig planen sie zusammen die Umgestaltung der Peterskirche in München.

Fast nichts blieb übrig ...
Das Schicksal verfuhr mit den Werken, die die Asams aus den Jahren 1728 bis 1731 schufen, nicht gnädig: Die Kapelle des ›Asam-Schlössls‹ in Thalkirchen wurde zu Beginn des 19. Jahrhunderts niedergerissen und Egid Quirins Stuck in Gotteszell hat man schon 1889 abgeschlagen. Doch die meisten Schöpfungen dieser Jahre – wie Bruchsal und Mannheim – gingen im Zweiten Weltkrieg unter. Von den kirchlichen Bauten gibt es nur noch die in Prag und Osterhofen. Das Alteglofsheimer Salet ist das einzige profane Gemeinschaftswerk der Asams, das nahezu unverändert auf uns gekommen ist.

Es sind für den rührigen Alteglofsheimer Schlossverwalter Leonhard Georg Maag zwei arge Jahre, in denen er Königsfeld immer wieder berichten muss, dass mit der Ausstattung des Salets nichts vorangehe. Die Herren Asam stellen seine Geduld auf eine harte Probe, denn sie reisen munter durch die Lande, anstatt endlich ihren Auftrag zu erledigen. Da die Brüder gleichzeitig in München, Prag, Mannheim, Bruchsal, Osterhofen und Gotteszell arbeiten, obliegt Cosmas Damians Frau Maria Anna in München die Geschäftsführung, was die Kontaktaufnahme nicht gerade erleichtert. Am 29. März 1729 entringt sich dem Schlossverwalter der Seufzer: »Von denen Hh. Asamb ist zu dato noch niemandt da, und ist weithers auch nichts mehr hergeschrieben worden.«

Der Ankauf von sechs Fässern Gips (ein Fass waren etwa 230 l) Ende April ist jedoch ein sicheres Zeichen, dass die Ankunft der Stuckateure unmittelbar bevorsteht. Am 9. Mai zahlt die Schlosskasse Egid Quirin Asam einen Abschlag von 50 fl. Er hält sich bis Anfang Juni in Alteglofsheim auf, dann stagniert die Arbeit und am 10. Juni notiert der Verwalter: »Seith dem das [ich] jüngst mit dem H. Asamb Stuckhador uf München geraist [bin], ist derselbe nicht mehr hirher kommen, sohin hat auch das Risl *(Entwurf)* von ihme nit erhollet, und so hier auch nit überschickhet werden können.«

Am 9. Juni muss die Schlosskasse die beträchtliche Zeche von 30 fl. für »dess H. Asambs Stuckhadorn hier im Würthshaus« bezahlen. Diese recht hohe Summe könnte damit zu erklären sein, dass man Wein gekauft hat, der dem Gips beigemischt wird, wie dies auch die Rechnungen des Klosters Einsiedeln überliefern. Überhaupt beklagt sich Maag über die verschwenderischen Gipser: »Der H. Asamb Maller ist noch nit da, die Stuckhadorer brauchen iber die Massen vill Gipß. Seint schon über 15. Väßl heraus geholt worden.«

> *»... wie man guten Mertel bey einen Bauwerch die Fuegn zu verstreichen bereiten solle, erstlich 2 Theil ungelöschten Kalch so von den Luft zerfallen ist, 1 Theil gestossen Glasmehl, 1 Theil Ziegelmehl, darunter Rehharr oder Scherrwolle, diese Stücke mit Bayrwein oder BierEssig oder Weingeleger angemacht, giebt überaus guten u. festes Gemäuer ...«*
>
> »Recept guten Merthel zu machen« des Maurermeisters Rudolf Ströllein aus dem Jahr 1657 in der Regensburger Bauamtschronik

»Item haben die Stuckador zum Gibs anmachen braucht 9 Eymer Wein a 3 fl. 24 kr.«, für 1726 waren es 33, 1727 nur noch 15 Eimer. Das alte Hohlmaß Eimer entsprach im alpinen Weinhandel etwa 60 l. Es gab aber große regionale Unterschiede zwischen 10–15 l und 309 l.

Abrechnung des Klosters Einsiedeln mit Egid Quirin Asam, 1725

Von den Stuckateuren, die mit der Ausstattung des Salets beschäftigt sind, ist außer Egid Quirin nur einer namentlich bekannt: Joseph Bader, Maurer, Bildhauer und Stuckator aus Rohr. Er stammt aus der weit verzweigten Wessobrunner Bader-Sippe und ist der Neffe des gleichnamigen Stuckators und Maurermeisters, der 1717 bis 1719 Polier (Bauleiter) und enger Mitarbeiter Egid Quirins beim Bau der Klosterkirche in Rohr gewesen ist. In Asams Abwesenheit scheint er die führende Hand zu sein, denn die Schlosskasse zahlt »dem Stuckator des Herrn Asam« 70 fl. Die Stuckierung zieht sich über den Sommer hin und ist im Oktober noch immer nicht fertig gestellt.

Die Wessobrunner – ein Phänomen der Kunstgeschichte

Aus den beiden kleinen Dörfern Haid und Gaispoint in der Nähe des oberbayerischen Klosters Wessobrunn bei Weilheim gingen im Laufe von etwa 250 Jahren Aberhunderte von Stuckateuren und Maurern hervor, die sich über ganz Süddeutschland, die Schweiz, Österreich und Tirol ergossen und viele Jahrzehnte die Dekorationskunst prägten.

Bis ins Frühjahr 1730 passiert im Salettl nichts mehr. Kaum wird es wärmer, schwärmt Verwalter Maag aus und sucht die Asams in München persönlich auf. Ende Mai trifft endlich der herbeigesehnte Cosmas Damian mit zwei Gehilfen in Alteglofsheim ein und nimmt seine Arbeit im Salet auf, die er in knapp 14 Tagen nahezu vollendet. Schon am Sonntag, den 11. Juni, reist er wieder ab. Nebenbei hat er in einem Turmraum des Schlosses ein zweites und wenig bekanntes Deckenbild geschaffen: Es handelt vom Sonnenuntergang, das im Salettl vom Sonnenaufgang.

Asam ist mit der geplanten Gestaltung des Salets nicht zufrieden. Wir sehen den wackeren Schlossverwalter Maag in seiner Schreibstube sitzen, als ihn »nach dem Mittagessen« der Meister persönlich aufsucht und ihm Verbesserungsvorschläge in die Feder diktiert: Für die Türen rät Asam zu Eichenholz, außerdem sollten sie Schnitzwerk tragen. Die Türöffnungen seien zu klein und müssten erweitert werden. Und schließlich die Vergoldung: »Weillen albereits das Gerist noch stehet und indem der Herr Asam erachtet, das die darin verferttigte Stockhador woll ein mehrers noch zu einen gresseren Ansehen verdiente, so würdt denn underthenig hirmit angefraget … wolle g[nä]dig hierybert geschlossen *(beschlossen)* werden, von plenier Goldt *(Glanzgold)* mechten erlauben bei hundert Loisdour *(Louis d'or, auch ›Goldludwig‹ genannte französische Hauptgoldmünze ohne festen Wechselkurs)*, so würdts hienach ein Werckh werden, das vor weith mehrere … anzusehen seint.«

Da das Bild bei seiner Abreise noch nicht ganz vollendet ist, wird Asam in zwei Abschlagszahlungen von je 150 fl. entlohnt; 200 fl. werden wie üblich erst nach Fertigstellung des Werks fällig. Maag stimmt am 4. September 1730 sein altes Klagelied an: »Von denen Hh. Asamben aber hören wir ganz und gar nichts mehr.« Hat doch der Maler bei seiner Abreise versprochen, dass die Stuckaturen und die Malerei binnen drei oder vier Wochen zur Vollendung gebracht würden, »als etwas inner 3 oder 4 Wochen mit seinem Brueder, dem Stuckhador, das alles hinach in sein endliche Perfection *(Vollendung)* khommen khönnte.«

Warum nimmt sich Cosmas Damian die Zeit für dieses recht kleine und finanziell nicht sonderlich lukrative Werk? Er hat das Deckengemälde zwar nicht signiert, aber sich selbst als fröhlichen und frierenden Jäger mit einem erhobenen Bierglas dargestellt (siehe Abb. S. 91). Er weiß: Dieses Salet werden Königsfelds Gesandtenkollegen auf dem Reichstag und andere hochgestellte Persönlichkeiten besichtigen – sie alle sind potenzielle Auftraggeber und werden alle beim Hinausgehen das Konterfei des Herrn Asam sehen.

Und schon kündigen sich die ersten hohen Besucher an. Vom Gerüst hat Asam die Bretter abräumen lassen, »damit das Gemoehl von undten desto besser khönnte in Augenschein genomben werden.« Die Ersten, die das Bild am Samstag, den 17. Juni 1730 besichtigen, sind ausgerechnet der kurpfälzische Gesandte aus Mannheim, Johann Bernhard Freiherr von Francken, seine Frau und seine Tochter. Zufall? Asam muss in diesem Jahr ja noch das Treppenhaus im Schloss der neuen kurpfälzischen Hauptstadt Mannheim ausmalen und hofft natürlich, dass der Herr Gesandte begeistert dorthin berichten wird. Daher hat Asam »in dieser Obsicht die Prether abraumben lassen, damit Seine Excell. der Churpfälz. Herr Gesandte zu der etwan negsten Herauskunfft in Besehunge des Saletls od. Gemähls alles clarer in die Augen fahle.« Francken wird 1731 selbst Auftraggeber der Asams.

Die Quellen verschweigen, wann und ob Cosmas Damian Asam die Restarbeiten in Alteglofsheim erledigt hat. Anfang Juni 1731 ist Egid Quirin mit seinen Gehilfen wieder am Werk, vielleicht vollendet er anstelle seines Bruders das Deckenfresko. Der untere Teil des Salets wird stuckiert; doch wir wissen nicht, ob Egid Quirin auch die meisterhafte Vergoldung selbst verfertigt hat – oder vielleicht seine Schwester Maria Salome. Am 7. Juni empfängt er nochmals 50 fl. Damit endet die Tätigkeit der Asams in Alteglofsheim.

Lassen wir zum Schluss unseren Schlossverwalter Leonhard Georg Maag zu Wort kommen und fragen wir ihn, wie ihm persönlich das Bild im Salet gefällt. Er zieht die Mütze, kratzt sich am Kopf und meint schließlich: »Mich gedünkhts in meiner Einfahlt schön zu sein, sonderbar von fernen, war villmahls oben ufn Gerist, und dorth khundt ich fast gar nichts abnemben *(erkennen)*, aber von iezt herunten scheinte es anderst.«

2 Der Familienbande erster Teil: Die Eltern

GEORG ASAM, DER BRAUMEISTERSOHN AUS ROTT AM INN

Im Jahre 1680 bewarb sich der 31-jährige Maler Georg Asam aus Rott am Inn in München um das Bürgerrecht und die Aufnahme als Meister. Doch sein Wunsch erfüllte sich nicht. Die örtliche Malerzunft wollte ihn nicht aufnehmen, zum einen weil man keine zusätzliche Konkurrenz durch neue Kollegen haben wollte, zum anderen weil Asam außerhalb der Zunft stand. Denn er genoss Hofschutz, ein kurfürstliches Privileg, durch das er den Zwängen und Anforderungen der bürgerlichen Zunft nicht unterworfen war. So hätte er weder ein Meisterstück anfertigen noch die übliche Aufnahmegebühr entrichten müssen. Dieses Privileg verdankte er seinem Meister, dem Hofmaler Niklas Prugger, in dessen Werkstatt er seit dem Frühsommer 1679 arbeitete, und das allen Prugger-Schülern zugutekam.

Niklas Prugger – der Großvater der Brüder Asam

Niklas Prugger (um 1620–94), der aus Trudering stammte, hatte bei dem Münchner Maler Ulrich Loth gelernt und war Gehilfe des großen Joachim Sandrart gewesen, bevor er 1644 kurfürstlicher Hofmaler mit einem Jahresgehalt von 100 fl. wurde. Später hat man das eher symbolische Gehalt auf 150 fl. und 1671 auf 300 fl. angehoben. Obwohl er als Porträtist der bevorzugte Maler des Hofes wurde, verarmte er im Alter völlig. Bei der Münchner Malerzunft erfreute er sich wegen seiner Zunftbefreiung keines guten Rufes: Nicht nur künstlerische Unfähigkeit wurde ihm zum Vorwurf gemacht, sondern auch, dass er zu viele Lehrlinge schlecht und in zu kurzer Zeit ausbilden würde. Solche Anschuldigungen wurden schon im Mittelalter von zünftigen gegenüber nichtzünftigen Künstlern und Handwerkern erhoben.

Asam hatte vorher eine sechsjährige Ausbildung in der Wandmalerei erfahren, jedoch ist nicht bekannt, wo und bei wem. In die Werkstatt des Hofmalers Prugger trat er ein, um die Öl- und Portraitmalerei zu lernen. Und mit seinem Meister verstand er sich so gut, dass der ihm schon 1680 seine Tochter Maria Theresia zur Frau gab. Georg war auf jeden Fall Geselle, denn als Lehrling hätte er weder heiraten noch das Bürger- und Meisterrecht beantragen können.

Aus der Zeit vor 1680 ist vom Leben des 1649 in Rott am Inn geborenen Klosterbraumeistersohns Georg Asam nichts bekannt. 1681 trat er als fertiger Meister in das Theater der Kunst, als er in Benediktbeuern seinen ersten klösterlichen Großauftrag erhielt, der ihn bis 1688 beschäftigte. Er malte – wahrscheinlich unter Mithilfe seiner Frau Maria Theresia – für das Kloster einen Zyklus von 58 Abtportraits. Man fragt sich unwillkürlich, ob er die Ausbildung bei seinem Schwiegervater mit Hinblick auf diesen Auftrag durchlaufen hatte. Schließlich folgten die umfangreichen Gewölbemalereien in der 1683 fertiggestellten Klosterkirche. Während dieser Arbeiten lässt sich um 1684/85 eine bemerkenswerte Entwicklung in seinem Schaffen feststellen: Die ersten Deckenmalereien führte er noch in der traditionellen Secco-Technik aus. Da sich diese Gemälde schon bei ihrer Entstehung als wenig haltbar erwiesen und nur mit Mühe gerettet werden konnten, schwenkte er kurzerhand auf die Fresko-Technik um.

Al secco und al fresco – Trocken- und Nassmalerei
Bei der Secco-Malerei werden die Farben auf den trockenen Putz (italienisch *al secco*) aufgebracht. Dadurch gehen sie mit dem Untergrund keine dauerhafte Verbindung ein und können sich schnell ablösen bzw. abpudern. Der Vorteil ist, dass jederzeit Korrekturen im Bild angebracht werden können.

Das Fresko hingegen entsteht durch das Eindringen der Farbe in den noch frischen Putz (italienisch *al fresco*), wodurch sie sich mit dem Feinputz (italienisch *intonaco*) verbinden und durch die Umwandlung von Weißkalk in

kohlensauren Kalk und die Versinterung der Oberfläche extrem dauerhaft werden und ihre Leuchtkraft beibehalten. Der Nachteil der Fresko-Technik ist, dass ein fehlerhafter Pinselstrich nicht mehr rückgängig zu machen ist, ohne den Feinputz zu entfernen.
Cosmas Damian Asam arbeitete oftmals in einer Mischtechnik, in der er auf das Fresko stellenweise dicke und pastose Schichten *al secco* aufbrachte, die durch ihre Stärke von bis zu 1 cm eine Reliefstruktur und somit Licht- und Schatteneffekte erreichten.

Die Zeit war günstiger denn je für solche Großaufträge, denn erstmals seit dem Ende des Dreißigjährigen Krieges machten sich Klöster an den glanzvollen Wiederaufbau ihrer zerstörten oder verfallenden Kirchen und Stiftsgebäude. Davon profitierte auch Georg Asam: Noch während seiner Benediktbeuerner Zeit erhielt er 1687 aus dem benachbarten Tegernsee den ehrenvollen Auftrag zur Ausmalung der Klosterkirche, der sich bis 1694 hinzog.

In Benediktbeuern hatte man einen Neubau errichtet, in Tegernsee die spätgotische Basilika des 15. Jahrhunderts wiederhergestellt. An beiden Bauten war als Architekt der kurfürstliche Oberhofbaumeister Henrico Zuccalli tätig.

Niccoló Perti, der Stuckateur von Tegernsee, sollte für Jahre ein künstlerischer Weggefährte Asams werden. In Gmund am Tegernsee hatte Georg weitere Aufträge und kehrte erst 1696 mit seiner Familie kurzzeitig nach München zurück.

Der nächste Großauftrag eines Klosters, für den sich der nun 47-jährige Freskant interessierte, zerschlug sich: die Ausmalung der Zisterzienserklosterkirche Fürstenfeld bei Bruck. Mit den Stuckateuren Niccoló Perti und Francesco Appiani begann er 1696 zwar mit der Ausstattung der Klostergebäude und blieb dort bis 1698 beschäftigt; doch der 1700 von Giovanni Antonio Viscardi begonnene Neubau der Klosterkirche wurde 1704 nach dem Ausbruch des Spanischen Erbfolgekriegs eingestellt; als die Bauarbeiten 1714 wieder aufgenommen wurden, war Georg Asam schon drei Jahre tot. Niccoló Perti wirkte noch 1718 bis 1723 an der Stuckierung mit und Georgs Sohn Cosmas Damian blieb es vorbehalten, in den Jahren 1723 und 1731 Chor und Langhaus auszumalen. Mit einem Auftrag zur Ausmalung der Klarissenklosterkirche Heilig Kreuz in Landshut 1699 ging für Georg Asam das Jahrhundert zu Ende.

Auch wenn sich der Auftrag in Fürstenfeld zerschlagen hatte, zog Georg Asam doch großen Nutzen aus seiner Bekanntschaft mit dem Architekten Giovanni Antonio Viscardi. Er war der große Konkurrent von Henrico Zuccalli, betrieb wie dieser eine Art Bau- bzw. Architekturbüro und trat als Generalunternehmer auf, der einen festen Stamm an Mitarbeitern hatte, zu denen auch Asam und Perti gehörten. Und vermutlich waren die Auftraggeber froh, wenn ihnen der Architekt gleich die entsprechenden Fachkräfte empfahl und mitbrachte. Diese Werkstattgemeinschaft bestand bis zu Asams Tod 1711.

Asam begann um 1700 auch damit, eine eigene Werkstattgemeinschaft mit seiner Familie aufzubauen, in der seine Frau Maria Theresia, eine vorzügliche Fassmalerin und Vergolderin, ebenso mitarbeitete wie seine talentierte Tochter Maria Salome und ihr ein Jahr jüngerer Bruder Cosmas Damian; später stieß noch der kleine Bruder Egid Quirin dazu, der Begabteste oder zumindest der Vielseitigste der Familie Asam.

Der Spanische Erbfolgekrieg, in den Bayern so fatal verstrickt war, brachte seit 1704 die kirchliche Bautätigkeit zum Stillstand (siehe S. 10f.). Aber die Zusammenarbeit mit Viscardi und Perti trug schnell Früchte. Die schmerzliche Lücke füllten bald neue – adlige – Auftraggeber. Allerdings verlagerte sich Georg Asams Tätigkeit nun für den Rest seines Lebens überwiegend in den oberpfälzisch-niederbayerischen Raum.

Und das neue Jahrhundert begann für Georg Asam mit einem Paukenschlag: Gemeinsam mit Perti wurde er von Ferdinand Lorenz Franz Xaver von Tilly und Breitenegg zur Ausstattung seines Schlosses in Helfenberg bei Velburg in der Oberpfalz herangezogen, das 1696 bis 1702 von Viscardi errichtet worden war. Das Schloss, eines der ehrgeizigsten Bauunternehmen dieser Zeit in Bayern, war eine gewaltige Vierflügelanlage mit einem hohen Turm. Asam stattete es 1700 bis 1702 und nochmals 1707 mit einem großen Freskenzyklus aus. »Großartige Thaten aus der biblischen und Weltgeschichte, auch aus der Mythologie, der griechische Olymp mit allen seinen Göttern und Göttinnen«, stellte der Maler dar. Das ist alles, was wir darüber wissen, denn das Schloss wurde nach 1807 bis auf wenige Grundmauern zerstört.

Von Graf Tilly wurden Viscardi, Asam und Perti mit anderen Mitarbeitern 1702 an den jungen Reichsgrafen Johann Georg von Königsfeld (1679–1750) empfohlen, der im niederbayerischen Schönach sein Schloss umbauen und ausstatten ließ. Erstmals wird die Zusammenarbeit der Künstlerfamilie Asam erkennbar. Neben Georg waren seine Frau Maria Theresia als (Fass-)Malerin und Vergolderin und Cosmas Damian mit eigenständigen Malerarbeiten tätig. Maria Salome fehlte dabei allerdings. Als Vorlage für die insgesamt 48 Bilder dienten Kupferstichwerke, unter anderem mit Illustrationen antiker Sagen aus den ›Metamorphosen‹ des römischen Dichters Ovid, den Sagen von den ›Gestaltverwandlungen‹, die neben der Bibel zu den wichtigsten Bildquellen der Kunst gehören. Der Schönacher Zyklus gilt als der umfangreichste erhaltene Bilderkreis antiker Themen in der Kunst des bayerischen Barocks.

Beide Auftraggeber, Tilly und Königsfeld, waren so zufrieden, dass Georg Asam eine Reihe von Folgeaufträgen erhielt: Für Tilly arbeitete er in etlichen Kirchen, die seiner Herrschaft unterstanden. Königsfeld holte ihn für eine kleine Aufgabe nach Alteglofsheim und empfahl ihn 1707 wahrscheinlich für die Ausmalung der nicht weit von Schönach gelegenen Wallfahrtskirche Frauenbrünnl bei Straubing. Der Auftrag zur Ausmalung der Pfarrkirche St. Jakob in Cham, die dem Regensburger Domkapitel unterstand, wurde Georg Asam 1704 und 1706 sicherlich über Königsfeld vermittelt (siehe S. 74). Der Umzug der Familie nach Amberg 1705 oder 1706 ist vielleicht damit zu erklären, dass Georg Asam die Ausmalung der Wallfahrtskirche auf dem Mariahilfberg übernehmen sollte, die – wie Fürstenfeld – jedoch erst sein Sohn Cosmas Damian ausführte.

Schließlich holte Graf Tilly den ›Viscardi-Trupp‹ noch einmal für den Bau und die Ausstattung der Wallfahrtskirche

Mariahilf nach Freystadt (siehe S. 56), wo Asam mit seinen Söhnen Cosmas Damian und Egid Quirin 1709 die Ausmalung schuf. Im gleichen Jahr arbeitete er ein letztes Mal in der Nähe seiner Heimat und zierte im Auftrag des Fürstbischofs Johann Franz Eckher von Kapfing in Freising die Aula des ehemaligen bischöflichen Gymnasiums und die Maximilianskapelle bei der Domkrypta aus; zugleich malte er für Abt Ildephons Huber im benachbarten Benediktinerkloster Weihenstephan die Decke des Dekanatssaals.

1710 zog Georg Asam wieder in die Oberpfalz. In Sulzbach, wo seit 1505 die pfälzische Linie der Wittelsbacher residierte, wurde er für Herzog Theodor Eustachius tätig, der bei ihm mindestens zwei Altarbilder in Auftrag gab. Es wurden seine letzten Werke, denn am 4. oder 5. März 1711 starb er völlig unerwartet im Alter von 62 Jahren und fand sein Grab bei der Leonhardskapelle nahe der Stadtpfarrkirche. Beim Abbruch der Kapelle 1808 und bei der Einebnung des Friedhofs wurde es zerstört.

MARIA THERESIA ASAM, GEB. PRUGGER – MALERIN, VERGOLDERIN UND LEHRMEISTERIN IHRER KINDER

Es ist das Verdienst der Ausstellung ›Electrine und die anderen. Künstlerinnen 1700 bis 2000‹, die weiblichen Mitglieder der Familie Asam erstmals gebührend gewürdigt und die bekannten Fakten über diesen bislang weitgehend ignorierten Zweig der Familie zusammengetragen zu haben.

In der Werkstatt Niklas Pruggers lernte Georg Asam 1680 dessen 23-jährige Tochter Maria Theresia kennen und lieben, die er nach kurzer Zeit heiratete. Sie war eine begabte Künstlerin, die bei ihrem Vater und bei ihrem Mann Ölmalerei, Vergolden und Freskotechnik erlernte und zur unverzichtbaren Stütze des Asam'schen Familienunternehmens wurde.

Maria Theresia konnte ihren Mann schon gleich bei dessen erstem Großauftrag in Benediktbeuern in mancherlei Hinsicht unterstützen. Es ist sehr wahrscheinlich, dass sie ihm nicht nur bei der Reihe der 58 Abtportraits half, sondern auch an den

58 Freskobildern; an zwei Werken in der Klosterkirche hinterließ sie als Fassmalerin ihre Signatur. Außerdem oblagen ihr in der alten, um 1750 abgebrochenen St. Georgskirche zu Bichl, die als Filiale zum Kloster Benediktbeuern gehörte, Fassmalereien, die sie mit »M.T.A.« bezeichnete. ›Nebenbei‹ brachte sie in den acht Benediktbeuerner Jahren sechs Kinder zur Welt.

Fassmalerei – den Figuren Leben geben
Als Fassmalerin hatte Maria Theresia die Aufgabe, Architekturen und Figuren aus Holz eine farbige Fassung zu verleihen. Hierzu wurde das Holz geglättet, mit Kreide oder Gips überzogen und geschliffen. Darauf wurden die Farben aufgetragen, wobei es nicht nur um die bloße Farbigkeit und einen möglichst naturalistischen Eindruck, sondern auch um Symbolhaftigkeit und um einen Schutz des Holzes ging. Gute Fassmaler waren begehrte Handwerker.

1694 erwarb die Familie das Haus des verstorbenen Niklas Prugger in der Schwabinger Gasse (siehe S. 117) für die beträchtliche Summe von 3000 fl. von ihrer Mutter Maria Rosina und ihren beiden Schwestern, Maria Anna Jungwirth und Maria Clara Stuber, deren 1688 geborener Sohn Gottfried Nikolaus als Hofmaler eine glänzende Karriere machen sollte. In ihrem Münchner Wohnhaus, das die Asams trotz langjähriger Aufenthalte an anderen Wohnorten nie aufgaben, werden in der gemeinsamen Werkstatt während der Winterpausen Altarblätter entstanden, Figuren gefasst und Rahmen vergoldet worden sein.

Die Kosten für das Münchner Haus lasteten schwer auf der Geldschatulle der Asams, sodass Maria Theresias Einkommen eine wertvolle Entlastung darstellte, wenngleich es nicht sehr hoch war. Für Fassarbeiten in Gmund und Tegernsee erhielt Georgs ›Hausfrau‹ zwischen zwei und elf Gulden. Einige der Ölgemälde Georg Asams, die während der Fürstenfelder Jahre 1696 bis 1701 für das Kloster und einige seiner Filialkirchen entstanden, dürften tatsächlich ihrem Pinsel entflossen sein.

Als selbstständige Künstlerin wird Maria Theresia Asam erst ab etwa 1702 erkennbar. Aus den Verwalterrechnungen von Schloss Schönach geht hervor, dass sie 1704/05 eigenhändige Arbeiten ausführte. Interessant ist, dass der Stuckator Niccoló Perti für die Auszierung von drei Zimmern 135 fl. und für den großen Saal 500 fl. bekam, Georg Asam hingegen für die Ausmalung des Saals nur 215 fl., hingegen für drei Zimmer 200 fl. erhielt. Seine Frau erhielt einmal 50 fl. und für »unterschidlich â part Gemachtes oder Gefasstes 31 fl.« Dann wieder zahlte ihr die Schlosskasse größere Beträge, die dem Verdienst ihres Mannes gleichkamen: »Indem sie aber bereiths vorhero schon empfangen zu unterschidlichen Mahlen 39 fl. und dan … abermahl 50 fl., als ist ihr der Resst der 142 fl. … pares Gelt … in gebihrenten empfang gebracht …«

Und dennoch: Graf Königsfeld war eine Ausnahme, denn die Leistungen einer Künstlerin galten sehr viel weniger als die eines Künstlers. Besonders deutlich wird das in den Arbeiten der Asams für die Tilly'sche Kirche in St. Coloman (Walkertswinn, Stadt Velburg in der Oberpfalz), in der der Hochaltar und anderes zu fassen waren. 1702 erhielt Georg Asam 95 fl., seine Frau 1 fl. Leihkauf, eine Art von Gratifikation, und Cosmas Damian 30 kr. Trinkgeld.

Leider, bedauerte der Tilly'sche Pfleger, ließ sich Asam nicht herunterhandeln, »weill er die Arbeith gar reich von Gold und sonsten mit saubern Fürnis und Farben machet, zudeme diesen Refier herum khein Maller solchen Lohn nemmen, weniger so saubere und guete Arbeith« machen würde. Dennoch wollte man die Gelegenheit nützen, billige Arbeit zu bekommen, »seitmahlen er Asam wegen er mit seiner Frau ohne dem disen Winder alhier verbleiben muß, alleinig so geringen Lohn nimmbt, in deme solche Gelegenheit hir sobald nit mehr zu hoffen …« Auch in Deusmauer bei Velburg bekam Georg 1702 für das linke Seitenaltarbild 50 fl., seine Frau 1 fl. Leihkauf und »sein Söhnl« 15 kr.

1708/09 arbeitete die Familie Asam im Mittelfränkischen nahe Lauf an der Pegnitz. 1708 sollte Cosmas Damian einen Seitenaltar in der Pfarrkirche St. Kunigund in Schnaittach (nordöstlich von Lauf) für 170 fl. fassen, doch scheint Maria Theresia diese Arbeit übernommen zu haben, denn sie erhielt 50 fl. Abschlagszahlung. Georg und Cosmas Damian hatten schon 1707/08 in der gleichen Kirche die noch heute vorhandene Marienfigur von Johann Konrad Vogel (um 1680) gefasst. Im nahen Neunkirchen am Sand malte Maria Theresia ein Zifferblatt für die Kirchenuhr. Georg Asam fasste 1709 schließlich noch einen Seitenaltar in der Pfarrkirche St. Walburgis zu Kirchenröttenbach, eine Stunde nördlich von Schnaittach.

Einen größeren und lukrativeren Auftrag erhielt Maria Theresia 1709 in der neuen Wallfahrtskirche zu Freystadt. Dort sollte sie den unteren Choraltar für 300 fl. fassen. Sie handelte mit dem überforderten Freystädter Richter Johann Adam Kleinmayer einen Betrag von zunächst 400 fl. und schließlich von 460 fl. aus. Kleinmayer hat diesen Ortstermin in einem schönen Bericht überliefert, der Mara Theresia Asam als selbstbewusste Künstlerin und geschickte Geschäftsfrau lebendig werden lässt:

> »*Eur Hochgräfl. Excell. Berichte hier gehorsamblich, was massen des H. Asamb Mahlers Frau sich anheut alhier eingefundten, und den heruntern Choraltar oder Tabernacul samt der Glori, darein das Miraculosbildt (das wundertätige Bild) … zu stehen kombt, und der Bildthauer von Amberg mit 12 Figurn von Engeln ganz neu gemacht, auch mit Laubwerckh, und andern sauber geziehrt, besichtiget, sich hierauf dahin vernemen lassen, das sye disen Altar recht sauber von guetem Goldt und Silber durchgehents fassen, und blanieren (polieren) wollen als wan es von geschlagener Goldtschmidtarbeit were, auch darzu das behörige Goldt und Silber schaffen. Iedoch könne sye weniger nit als 400 fl. nehmen, weillen sye anfangs gar 300. Rhtl. (rheinische Taler), indeme diser Altar und Arbeit gar betrogen, und nit nur vill Mühe sondern Goldt und Silber ein Starkes erfordere. Wan man aber disen Altar nit von feinen, sondern nur Zwisch- oder Metallgold machen lassen wolte, konnte sie wohl um ein Mörckhliches weniger nehmen, alleinig wurdt es auf ein solch schönes Gepäu ein schlechtes Ansehen bekhommen. Sollte man aber sich etwan dahin resolviren (entscheiden), das*

statt des Silbers die glatte Arbeit mit einem schwarzen Fürneis (Firnis) gemacht, und die Bilder mit Farben nach dem Leben und Art der Cleydter (Kleider) gefasst, und nur die Extremiteten vergoldt werden sollten, könne sie auch was mehrers nachlassen. Iedoch wie vorgedacht, ihro kein sonder Ehre oder Lob dabei machen, indeme sich der Staub starckh darein legt, und dise Arbeit nit so guet, als die blanirte wieder zubuzen seye. Fahls sie es aber mit einem sauber und extra feinen Marmol (Marmor), dann das Laubwerckh und Engel vergoldt machen sollte, werde es ebenso hoch lauffen, als wann Silber darzu genommen würdt. Nun muß ich bekhennen, das mir dergleichen Arbeit noch nit undter die Hand kommen, oder etwas dergleichen habe machen lassen, wodurch ich erkhennen konnte, ob sye ein große Ybermaß gefordert, oder nit ... obgedachte Frau Asamin sollte sich für dise Arbeit auf die erstere manier, als von lautter Goldt und Silber gefasster mit 300 fl. contentirn (zufriedenstellen) lassen, so sye aber absolute für ein Unmöglichkeit gehalten, vorgebent, sye mechte bey einem solchen Gottshaus sovill nit darüber schlagen, sondern thue vorhin das eusserist (äußerste). So fern sich aber in der Arbeit zeigen wurde, das sye von denen 400 fl. nochwas fallen lassen könne, wolle sye der Mutter Gottes zu schuldigsten Ehren noch was schenkhen, oder darein geben.«

1709/10 war Maria Theresia mit der Fassung des Hauptaltars, der beiden Seitenaltäre und der Kanzel in Harenzhofen bei Velburg wiederum für Graf Tilly tätig, wozu Georg Asam die drei Altarblätter lieferte. Für ihre Fassarbeiten erhielt sie 200 fl. »nebst einem Drinkhgelt meiner Dochter«, die ihr dabei zur Hand gegangen war.

Zu dieser Zeit sammelte Egid Quirin seine ersten Erfahrungen als Maler und arbeitete mit der Mutter zusammen. Die beiden Seitenaltarbilder in Harenzhofen wurden zwar bei Georg Asam in Auftrag gegeben, der aber erkrankte, sodass »haben solche mehr ich und mein Egidy gemacht, di weillen mein Mann noch zu Beth liget und kein Hand nit brauchen kann« – doch signiert sind sie mit »1710 G. Asam«.

Während der Arbeiten für den Herzog von Sulzbach nahm der Tod Georg Asam 1711 den Pinsel aus der Hand. Maria Theresia und ihr Egidy führten noch einige kleinere Arbeiten aus, für die sie nur geringe Entlohnung erhielten, 1 fl. da, 4 fl. dort. Hierunter wird ihr das Hochaltarbild in der ehemaligen Spitalkirche St. Elisabeth zugeschrieben. Schon bald verließ Maria Theresia mit ihren Kindern Maria Salome, Egid Quirin und Maria Anna Theresia nach zehn Jahren die Oberpfalz und kehrte nach München in die Hintere Schwabinger Gasse zurück. Ein letztes Mal erscheint ihr Name im Zusammenhang mit einem sehr ehrenvollen und ihrem wohl bestbezahlten Auftrag in der Münchner Frauenkirche: »Der Maria Asamin Mallerin sollen wegen verförtigten St. Benno Altar bezalt werden 900 f.« Die Forschung ist sich allerdings nicht darüber im Klaren, ob mit Maria nun Maria Theresia oder ihre Tochter Maria Salome gemeint ist. Die Nachricht stammt vom 30. Juli 1718. Am 14. März 1719 starb Maria Theresia Asam im gleichen Alter wie ihr Mann, mit 62 Jahren. Die »Ehr und tugendsame, auch kunstreiche Frau Maria Theresia Asamin, Mahlerin« wurde auf dem Münchner Franziskanerfriedhof zur letzten Ruhe gebettet.

»Duo germani fratres Monacenses«

3 Die beiden leiblichen Brüder aus München

JUGEND UND AUSBILDUNG

Am 27. September 1686, dem Feiertag der Heiligen Kosmas und Damian, kam Cosmas Damian Asam in Laingruben zur Welt. So hieß die Ortschaft östlich des Klosters Benediktbeuern, die längst im Pfarrdorf aufgegangen ist. Getauft wurde er am 28. September von P. Magnus Wendl aus Weilheim in der Pfarrkirche von Benediktbeuern; sein Taufpate war Georg Emanuel Pretzner. Als viertes Kind von Georg und Maria Theresia Asam wurde er in eine Künstlerfamilie hineingeboren, die seinen Lebensweg, den seiner ein Jahr älteren Schwester Maria Salome (siehe S. 63–67) und seines sechs Jahre jüngeren Bruders Egid Quirin von Kindesbeinen an prägte und bestimmte.

Die Familie führte ein unstetes Leben, dessen Stationen sich danach richteten, wo der Vater Arbeit hatte. Über seine Kindheit ist nichts bekannt; es liegt auf der Hand, dass er schon früh in der elterlichen Werkstatt mitarbeitete. Von beiden Eltern erhielt er seine Ausbildung als Maler. Hierbei lernte er alle Techniken, sowohl al secco als auch al fresco und in Öl zu malen, er lernte zeichnen, fassmalen und vergolden. Es gibt keinen Hinweis, dass er noch in einer anderen Werkstatt eine Lehre absolvierte. Schon früh muss der junge Mann sein überragendes malerisches Talent unter Beweis gestellt haben, denn schon ab 1702, in dem Alter also, in dem ein Lehrling eine Ausbildung als Geselle abschloss, arbeitete er an der Seite seines Vaters gegen Lohn. 1708 erhielt er in Schnaittach seinen ersten Auftrag als Fassmaler (siehe S. 25).

1711, kurz vor oder nach dem Tod des Vaters, zog Cosmas Damian nach Rom, wo er in der Accademia di San Luca studierte und 1713 den ersten Preis in seiner Klasse als Zeichner erhielt. Der zweijährige Aufenthalt in Italien, der ihn auch nach Neapel und an andere wichtige Stätten der Kunst führte, wurde für sein ganzes künstlerisches Leben prägend und bestimmend. Als er nach Bayern zurückkehrte, wartete bald ein erster großer Auftrag auf ihn.

Sein Bruder Egid Quirin wurde am 1. September 1692 in Tegernsee geboren und getauft und erhielt seinen Namen nach Ägidius, dem Heiligen dieses Tages. Auch über seine frühen Jahre ist nichts bekannt. Sehr bald erkannten die Eltern seine außerordentliche künstlerische Begabung – es gibt kaum ein Feld, auf dem er sich später nicht mit höchster Meisterschaft bewegte: als (entwerfender) Architekt, Zeichner, Maler, Bildhauer, Stuckator, Fassmaler und Vergolder. Von beiden Brüdern war er auf jeden Fall der vielseitigere. Seine erste Ausbildung war natürlich die des Malers. 1704, im Alter von zwölf Jahren, wirkte er wohl schon an der Ausmalung von Schloss Schönach mit – sicher in untergeordneter Funktion – und 1708 ist er als ›mitarbeitender Sohn‹ bei der Ausmalung der Wallfahrtskirche in Freystadt nachzuweisen, mit 16 Jahren im gleichen Alter, in dem auch sein Bruder eigenständige Arbeiten auszuführen begann. In der Aula des Bischöflichen Gymnasiums in Freising malte er an der Seite seines Vaters und Bruders 1709 schon selbstständig mit, wo ihm der Entwurf und vielleicht sogar die Ausführung des Mittelfreskos zugeschrieben werden. Zugleich absolvierte er auch eine Lehre als Stuckator, für die als Lehrer in erster Linie Niccoló Perti, der ›comerata‹ seines Vaters, oder eher noch Pietro Francesco Appiani in Frage kommen, auch dieser zeitweise Mitarbeiter der langjährigen Werkstattgemeinschaft um den Architekten Giovanni Antonio Viscardi. Und hier wäre ein Hinweis darauf zu suchen, wer Egid Quirin eigentlich an die Architektur heranführte.

Nach dem Tod des Vaters 1711 trat Egid Quirin in München mit 19 Jahren schließlich eine Lehre bei dem kurfürstlich-kölnischen Hofbildhauer Andreas Faistenberger an, der das Nachbarhaus der Asams in der Theatinerstraße bewohnte. Die Bildhauerei war diejenige Kunst, die ihm in seinem bisherigen Umfeld niemand hatte vermitteln können. 1716 wurde er nach fünf- statt nach sechsjähriger Lehrzeit freigesprochen: »Endtsbenanter Lehrjung Egidy Quirin Aßhamb ist von seinen Lehrherren und dermaligen beeden Fiehrern freygesprochen worden. Hat sich auch in seiner Lehrzeit, wie recht ist, ehrlich und wohl verhalten, anno 1716.« Ob er danach tatsächlich als Geselle auf die Wanderschaft ging oder gar nach Italien zog, ist bislang nicht zu klären. Es gibt jedoch einen Hinweis, dass er in Straßburg gewesen sein könnte (siehe S. 80).

DER AUFSTIEG

Um 1716 vereinigten sich die Wege der Brüder wieder, als sie miteinander für das Kapuzinerkloster in Regensburg einen kleineren Freskenauftrag ausführten.

Cosmas Damian hatte sich in den beiden Jahren davor durch die Ausmalung von fast einem Dutzend Kirchen, darunter die Klosterkirche in Ensdorf (1714–16), die Dreifaltigkeitskirche in München (1714–15), die Jesuitenkirche und die Augustinerkirche in Regensburg (1715) und die Pfarrkirchen in Günching und Hohenfels (1716) als Freskant einen Namen gemacht. Zur Festigung einer gutbürgerlichen Existenz heiratete Cosmas Damian 1717 die 19-jährige Maria Anna Mörl (1699–1731); im gleichen und dem darauffolgenden Jahr schuf er die Deckenbilder in der von Giovanni Battista Carlone stuckierten Wallfahrtskirche Maria Hilf in Amberg, die wahrscheinlich sein Vater hätte malen sollen, wenn nicht der Ausbruch des Spanischen Erbfolgekrieges das Unternehmen unterbrochen hätte.

Wo Egid Quirin seine Tätigkeit als Stuckateur begann, ist noch nicht zweifelsfrei geklärt. Zwei Bauten bieten sich an: die Amberger Maria-Hilf-Kirche und die Klosterkirche in Michelfeld. Vielleicht hatte er die Möglichkeit, in der Werkstatt des früheren Mitarbeiters von ›Großmeister‹ Giovanni Battista Carlone, Paolo d'Allio, mitzuarbeiten, der bis 1717 die Stuckierung von Maria Hilf vollendete. Oder war er 1716 in der Klosterkirche Michelfeld tätig, die nach stilistischen Erwägungen allerdings auch von der d'Allio-Werkstatt stuckiert worden sein kann? Der Michelfelder Hochaltar stammt jedenfalls von seiner Hand und hier arbeiteten 1716 bis 1718 auch sein Bruder Cosmas Damian und wahrscheinlich auch seine Schwester Maria Salome – alle drei hat Cosmas Damian auf dem Hochaltarbild porträtiert (siehe S. 87–90).

DIE ZEIT DER GROSSAUFTRÄGE

Alle diese in außerordentlich kurzer Zeit ausgeführten Aufträge werden von den beiden großen Klosterbauprojekten übertroffen, die die Asams in diesen frühen Jahren erhielten: Weltenburg und Rohr. Das eine war ein Gemeinschaftswerk, das sich lange Jahre hinzog und dessen Vollendung Cosmas Damian nicht mehr erlebte, das andere hätte vielleicht ein Gemeinschaftswerk werden sollen, zu dessen Realisierung möglicherweise das Geld nicht ausreichte.

Anstelle eines abgebrochenen Vorgängerbaus entstand nach Plänen von Cosmas Damian Asam seit 1716 der Neubau der Klosterkirche St. Georg in Weltenburg, für dessen Ausstattung die Brüder gemeinsam verantwortlich waren. Der Rohbau wurde 1718 geweiht, danach begann die Ausschmückung, die P. Karl Meichelbeck als »Wunder« bezeichnete. Unmittelbare Reflexe römischer Kunst flossen in die Architektur ein, die Cosmas Damian noch frisch im Gedächtnis waren, Erinnerungen besonders an die Capella di S. Cecilia von Antonio Gherardi in S. Carlo ai Catinari, an Gianlorenzo Berninis S. Andrea al Quirinale und natürlich aus seiner Jugend an die Wallfahrtskirche in Freystadt. Um 1721 war das Deckenbild vollendet, danach schuf Egid Quirin Asam seinen einzigartigen Bühnenaltar, auf dem der heilige Ritter Georg aus dem hellen Licht in den dunklen Raum reitet und dabei den Drachen ersticht, vor dem die Jungfrau in großem Schrecken flieht. Bei der Betrachtung des Altars erscheint es höchst zweifelhaft, dass allein eine Kenntnis des zeitgenössischen Theaters und der Bühnenbildnerei oder gar nur Schilderungen des Bruders für eine solche Schöpfung ausgereicht haben können, und die Vermutung wird umso wahrscheinlicher, dass Egid Quirin in Italien, in Rom gewesen ist, nicht als Lehrling, sondern jetzt, da es an die Realisierung dieses Werkes ging.

Die gleiche Frage ergibt sich auch bei der Betrachtung des Hochaltars der Chorherrenstiftskirche im nahen Rohr, wo kurz nach dem Baubeginn von Weltenburg Egid Quirin den Auftrag zur Planung des Kirchenneubaus und seiner Ausstattung erhalten hatte. Die Kirche selbst stellt im Gegensatz zu

Auszug des 1723 vollendeten Hochaltars in der Klosterkirche Rohr von Egid Quirin Asam

Weltenburg den konventionellen Bautyp einer Wandpfeilerkirche mit Querhaus, seitlichen Kapellen und einem eingezogenen Chor dar, mit einer üppigen Stuckausstattung; auf seine Weise ebenfalls einzigartig ist der 1723 vollendete Hochaltar, auch er ein Bühnenaltar mit der Inszenierung der leiblichen Himmelfahrt Mariens. Auch hier muss man eine unmittelbare Kenntnis der Cathedra Petri im Papstaltar Gianlorenzo Berninins in St. Peter in Rom voraussetzen. Mit beiden Altarschöpfungen erwies sich der 31-jährige Egid Quirin endgültig als eine der größten bildhauerischen Begabungen seiner Zeit. Die Bildfelder in den Gewölben der Vierung sind nicht bemalt, sondern stuckiert, doch ist anzunehmen, dass Cosmas Damian die Deckenmalereien schaffen sollte, für die wohl das Geld nicht mehr reichte. Das Gewölbefeld über dem Langhaus zeigt eine für ihn typische kräftige und bewegte Rahmung und plastische Einfassung der Malfelder.

Doch dies waren nicht die einzigen Großbaustellen, die die Brüder in jenen Jahren zu bewältigen hatten. Weltenburg zog sich aufgrund finanzieller Engpässe quälend lang hin: 1732 die Kanzel, 1736 die Beichtstühle, 1735/36 die Ausmalung der Apsis und die Schaffung der Seitenaltäre. So blieb Zeit für anderes.

Man kann sich die künstlerische und körperliche Leistung der Asams vorstellen, wenn man sieht, in welch atemberaubender Geschwindigkeit sich nun ein Großauftrag an den anderen reihte. Der Weg führte Cosmas Damian nach Oberschwaben, wo er als seinen bislang umfangreichsten Auftrag die Klosterkirche Weingarten (1717–20) ausmalte, der ihm zum endgültigen Durchbruch als führender Freskant seiner Zeit verhalf. Innerhalb von zwei Jahren hatte er die vier Hauptbilder und 36 Nebenbilder zu malen – und das mit nur einem einzigen Gesellen. Cosmas Damian und Egid Quirin werden als die »beiden Malerbrüder aus München« bezeichnet. Egid Quirin taucht danach nicht mehr in den Rechnungen auf, denn er hatte die Bewerbung um die Weingartener Stuckausstattung verloren. Dafür begann er schon mit der Stuckierung der Klosterkirche in Aldersbach (1718–23), die Cosmas Damian 1720 und 1721 ausmalte. 1721 bis 1723 folgte St. Jakob in Innsbruck, gleichzeitig die Ausstattung des Chors der Zisterzienserkirche in Fürstenfeld (1722–23). 1723 und 1724 waren beider Kräfte eigentlich mit der Neugestaltung des Freisinger Doms gebunden, was sie aber nicht daran hinderte, 1724 bereits ohne Rast und Ruh ins schweizerische Einsiedeln zu reisen, wo die Neuausstattung der gewaltigen Klosterkirche anstand. Das Jahr 1725 sah Cosmas Damian und Egid Quirin von Einsiedeln ins westböhmische Kladrau (Kladruby) eilen und beide Baustellen bis 1727 parallel versorgen. In den Jahren bis 1730 pendelte Cosmas Damian zwischen Prag, der Hofkirche in Bruchsal, der Schlosskirche und dem großen Treppenhaus des Mannheimer Schlosses und München, wo neben dem eigenen ›Schlössl‹ in Thalkirchen auch noch die Dreifaltigkeitskirche und St. Anna im Lehel zu versorgen waren – auch dies nicht gerade kleine Unternehmungen. Mit Egid Quirin stattete er dazu auch noch 1727 die Heilig-Geist-Kirche in München und die Klosterkirche in Gotteszell aus.

Die nachfolgenden Jahre sollten nicht weniger intensiv werden: Die beiden arbeiteten pausenlos, miteinander oder alleine, an der Ausstattung der Klosterkirche in Osterhofen (1729–34), der Klosterkirche St. Emmeram in Regensburg und der Schlosskapelle in Ettlingen (beide 1732–33) ebenso wie im schlesischen Wahlstatt (1733), in der eigenen Johann-Nepomuk-Kirche in München, 1735/36 in Ingolstadt, Innsbruck und Weltenburg, nebenbei in Meßkirch, nochmals in Prag, diesmal im Kloster St. Niklas in der Altstadt, von wo aus Egid Quirin schnell seiner Schwester Maria Salome in Strädisch (Strážiště) zu Hilfe eilte (siehe S. 65).

In dieser Aufzählung sind diverse kleinere Arbeiten nicht berücksichtigt! Was die Leistungen der Brüder Asam noch beeindruckender macht, ist die Tatsache, dass sich die Arbeiten auf den Baustellen nur über etwa ein halbes Jahr oder etwas länger erstreckten, vom späten Frühjahr bis in den Herbst, und in den kalten Monaten, in denen eine Arbeit auf dem Gerüst nicht möglich war, im heimischen Atelier an Altarbildern, Modellen, Modeln und Entwürfen gearbeitet wurde. Von Cosmas Damian sind alleine noch 40 Ölgemälde bekannt, die in der ›staaden Zeit‹ geschaffen wurden.

»BEY SEHR AUSGEARBEITHETEN CHRÄFTEN«

Dass Cosmas Damian eine durchaus kräftige Statur besaß, zeigt uns sein Osterhofener Selbstbildnis (siehe Abb. S. 93). Zur Arbeit eines Freskanten wie eines Stuckators gehörten eine eiserne Konstitution und Kondition, wenn man das schier übermenschliche Maß an Arbeit zu bewältigen hatte, wie dies den Asams gelang. Der Maler hatte zwar mit dem Mörtelanrühren, dem Putzauftrag und dem Farbenreiben nichts zu tun, was die Helfer übernahmen, aber umso anstrengender war das beständige Malen über Kopf, von Sonnenaufgang bis Sonnenuntergang, die ausholenden Bewegungen und die bei der Freskoarbeit notwendige Konzentration, zu der die ständige Feuchtigkeit und Nässe kamen. Farbspritzer gefährdeten die Augen.

Nicht besser ging es dem Stuckator, der in noch größerem Maße schädlichen Stoffen ausgesetzt war. Zwar erledigten

So sah der Maler im Arbeitsabstand von rund 30 cm sein Gemälde ...

Gehilfen das Kalkansetzen, das Kalklöschen und das Verputzen. Doch mühsam genug waren der Antrag des feuchten Stucks auf die Wand, das Modellieren und das Ziehen des Stuckschlittens für Wandprofile oder die körperliche Anstrengung bei der Verankerung großer Figuren, bei Gewölbestuckierungen das monatelange Arbeiten über Kopf, alles natürlich ohne Schutzbrille. Dass eine falsche Bewegung bös' ins Kreuz fahren konnte, gestand Egid Quirin 1736 der Äbtissin des Straubinger Ursulinenklosters und bat um Verständnis, dass er deswegen beim herrschenden feuchten Wetter nicht kommen konnte: »Und ist mein Willen gleich gewest, meine Aufwartung zu machen, so aber ein Acidenz in dem Creuz wehe bekhomen. Wirds mir also nit in ibel bey feichten Wedter genomben werthen.« Die kräftezehrende Arbeit machte sich bei Egid Quirin gegen Ende seines Lebens körperlich deutlich bemerkbar, denn er fühlte sich »bey sehr ausgearbeitheten Chräften«.

... und so bietet sich das Bild dem darunter stehenden Betrachter dar. Ausschnitte aus dem Deckenfresko in der Klosterkirche Weltenburg, Cosmas Damian Asam 1721

Zur anstrengenden künstlerischen Tätigkeit kam eine weitere Strapaze, die bei den großen Strecken, die die Asams zurücklegten, nicht zu unterschätzen ist: das Reisen. Da es außerhalb der Städte keine befestigten Straßen gab, befanden sich die Wege meist in einem beklagenswerten Zustand, mit tief ausgefahrenen Geleisen, in denen die Kutschen und Gefährte wild hin und her schwankten, im Matsch steckenblieben oder bei Schnee und Eis ins Schleudern kamen. Lediglich die Straßen im Kurfürstentum Bayern galten als gut ausgebaut und bequem und genossen bei Reisenden einen guten Ruf.

In eingefahrenen Geleisen ...
Was dieses Sprichwort bedeutet, erklärt Johann Gottfried Seume auf seinem »Spaziergang nach Syrakus im Jahre 1802«:

»Es ist mathematisch zu beweisen, dass die Gewohnheit des Spurfahrens, zumal der schweren Wagen, die beste, festeste Chaussee in kurzer Zeit durchaus verderben muss. Ist einmal der Einschnitt gemacht, so mag man schlagen und ausfüllen und klopfen und rammeln, soviel man will, man gewinnt nie wieder die vorige Festigkeit; die ersten Wagen fahren das Gleis wieder aus und machen das Übel ärger. Fängt man an, ein zweites Gleis zu machen, so ist dieses bald ebenso ausgeleiert; und so geht es nach und nach mit mehreren, bis die ganze Straße ohne Hilfe zugrunde gerichtet ist.«

Zur Zeit der Asams war die Epoche der Vergnügungsreisen noch in weiter Ferne; die Anstrengungen nahmen meist nur die auf sich, die z. B. aus beruflichen Gründen reisen mussten.

Wer es sich leisten konnte, ritt lieber als in der Kutsche zu fahren oder zog es sogar vor, zu Fuß zu gehen. Das nahm sich auch Wolfgang Amadé Mozart vor, der am 8. November 1780 über seine Reise nach München an seinen Vater schrieb: »Glücklich und vergnügt war meine Ankunft! – glücklich, weil uns auf der Reise nichts widriges zugestossen, und vergnügt, weil wir kaum den Augenblick, an Ort und Ende zu kommen, erwarten konnten, wegen der obwohl kurzen doch sehr beschwerlichen Reise; – denn, ich versichere Sie, daß keinem von uns möglich war nur eine Minute die Nacht durch zu schlafen – Dieser Wagen stößt einem doch die Seele heraus! – und die Sitze! – hart wie Stein! – Von Wasserburg aus glaubte ich in der That meinen Hintern nicht ganz nach München bringen zu können! – er war ganz schwierig – und vermuthlich feüer roth – Zwey ganze Posten fuhr ich die Hände auf dem Polster gestützt, und den Hintern in lüften haltend – doch genug davon, das ist nun schon vorbey! – aber zur Regel wird es mir seyn, lieber zu Fus zu gehen, als in einem Postwagen zu fahren.« Auch Hans Christian Andersen schrieb noch 1866: » ... aber an Ruhe während der Nacht war nicht zu denken, so halsbrechend war der Weg. Der Wagen stieg und schlingerte bald hierin, bald dorthin; wir fuhren über große Steine und tiefe Löcher.«

Die Kutscher und Postillione auf den offiziellen Reiserouten hatten ihre Fahrpläne einzuhalten und fuhren daher mit höchstmöglicher Geschwindigkeit. Durchschnittlich legte eine Kutsche auf sehr guten Chausseen rund 15 Stundenkilometer zurück. Daher waren Unfälle mit Kutschen und Fuhrwerken an der Tagesordnung, und dass eine Kutsche während der Fahrt umstürzte, kam häufig vor. Leichtere oder schwerere Verletzungen der Passagiere konnten oftmals nicht rechtzeitig behandelt werden, wenn der Unfall in einer menschenleeren oder dünn besiedelten Gegend passierte und es lange dauerte, bis ein Wundarzt am Ort des Geschehens war.

Unfall mit der Kutsche
» ... plötzlich klatschte der Postillon, die vier raschen Pferde giengen los in vollem Trapp, der Postillon drehte kurz, die vorderen Kutschenräder faßten die Langwit, und schleuderten die Kutsche mit einer Gewalt auf den Boden, daß der Kasten rundum in der Mitte entzwey borst; da es nun eine Halbschäse, also vorn unbedeckt ist, so flogen Elise, Maria und die beyden Kinder dort über die Wiese hin, Stilling aber, der auf der Fallseite hinten im Eck saß, blieb im Wagen und wurde jämmerlich zugerichtet ... Montag den 2ten November wurde die Reise nach Marburg angetreten: Stilling ritt langsam, weil er in den schrecklichen Wegen dem Fahren nicht traute, es war aber auch rathsam: denn die Frauenzimmer und die Kinder wurden noch einmal – doch ohne Schaden umgeworfen.«

Unfall auf einer Reise des Johann Heinrich Jung-Stilling im Oktober 1801

Rast wurde an den Post- und Pferdewechselstationen eingelegt, wo es in den Wirtshäusern mehr oder minder gute Verpflegung und die Möglichkeit der Übernachtung gab. Reisende aller Zeiten wussten erschreckende Dinge über das Essen und die hygienischen Zustände zu berichten. Glücklich konnten sich die Reisenden nennen, die eine ›Dormeuse‹ besaßen, eine Kutsche mit Schlafgelegenheit.

Die Herren Asam – und Herren waren sie von ihrem Auftreten und ihrem Vermögen her – hatten natürlich eigene Kutschen, derer sie sich vermutlich auch auf ihren Reisen bedienten. Aus den Quellen geht das jedoch nicht ausdrücklich hervor, denn es wurden in der Regel die Fahrtkosten mit einer Pauschale abgegolten, in der ein möglicher Lohnkutscher und Bewirtungen und Übernachtungen eingeschlossen waren. Bisweilen wurde die Fahrgelegenheit auch gestellt. So erklärte sich Kloster Weingarten bereit, Cosmas Damian »die nötige Fuhrwerk nacher München und wieder hierher zu verschaffen.« Musste man schnell einen Auftraggeber oder eine andere Baustelle besuchen, benutzten die Asams wohl ein Pferd. Das geht zumindest aus der Abrechnung des Klosters Einsiedeln hervor, wo »des Cosmas Pferdt per 14 Wochen gefuttert« wurde.

Im Frühjahr 1728 gönnten sich die Brüder nach Manier großer Herren eine Kur im mondänen Karlsbad. Just da beschloss Kardinal Hugo Damian Schönborn, sie für die Ausstattung der Bruchsaler Schlosskirche zu gewinnen. Mitte Februar hatte der Geheime Sekretär der Markgräfin Augusta Sibylle von Baden-Baden in München herausgefunden, dass sich die beiden in Karlsbad aufhielten und erst Mitte Mai nach Bruchsal kommen würden. Doch der ungeduldige Kardinal wollte sie auf schnellstem Wege herbeischaffen lassen, »darbey das das beste seye, mit der Augspurger Kutsch über Ulm, Cannstatt auf Durlach und so da dahe hierhero zu gehen, ich will die nötige Kosten von hierhero Reiß gern tragen, wir kommen zum Schlag oder nicht.«

Der Bericht des Alteglofsheimer Schlossverwalters Maag vom 13. Juni 1730 gewährt uns einen aufschlussreichen Blick auf den Termindruck der Asams, der sich von unserem modernen Stress nur wenig unterscheidet:

»Der H. Asam ist iezt am vergangenen Sonntag mit seinen zwey bei sich gehabten Scolarn (Lehrlingen oder Gesellen) von hie abgereiset, [wollte] anfänglich zu seinem H. Bruder dem Stuckhador nach Ostteroven sich begeben, besann sich den Augenblickh zu lezt, das Er sein Weeg uf Landtshuet zue nembe: und volgents uf München. Würdt also vom alten Veitl gefihrt

bis uf Landtshuet, dan Er sollte Brief bekommen haben, das Er unaufhaltlich uf München rectà zuegehen solt, so hat Er auch indessen noch hier sein Brief yberkhommen von Manheimb, das ebenfals Er sich dahin uneinstehlig verfiegen solt. Diese Reis aber will er in etwas lengers hinaus verfaren, sondern eheunter sich daher noch niemahl begeben als etwas inner 3 oder 4 Wochen mit seinem Brueder, dem Stuckhador …«

DER FRÜHE TOD DER KINDER UND DER EHEFRAUEN

Von den zwölf Kindern Georg und Maria Theresia Asams erreichten immerhin fünf das Erwachsenenalter (Philipp Emanuel, Maria Salome, Cosmas Damian, Egid Quirin und Maria Anna Theresia), während die anderen bei oder nach der Geburt oder im Kindesalter starben. Nur einer – Cosmas Damian – gründete selbst eine Familie.

Cosmas Damian sah von seinen 13 Kindern nur drei aufwachsen (Franz Erasmus, Anna Theres und Caty), und von den sieben Kindern seines Sohnes Franz Erasmus wurde keines älter als zwei oder drei Jahre. Cosmas' Tochter Maria Eva Elisabeth Katharina (Caty) Knechtl brachte ebenfalls 13 Kinder zur Welt, von denen vermutlich zehn noch im ersten Lebensjahr starben, die Tochter Maria Walburga »dreifach gebrechlich« (behindert) war und die jüngste, Maria Katharina Emerentia, immerhin sieben Jahre alt wurde; allein ihr Sohn Johann Kajetan Ferdinand erreichte das geradezu biblische Alter von 77 Jahren (1754–1831).

Der Tod eines Kindes, der für Eltern heute die schlimmste denkbare Tragödie darstellt, gehörte bis weit ins 19. Jahrhundert zur Alltäglichkeit des Lebens. Die Kindersterblichkeit war enorm und betraf wie im Fall der Asams mehr als Dreiviertel aller Kinder. Allerdings ist von etlichen Kindern der drei Asam-Generationen zwar das Geburts-, aber nicht das Todesjahr überliefert. Je mehr Kinder eine Frau gebar, desto größer war die Chance, einen halbwegs gesicherten Lebensabend im Familienkreis verbringen zu können – wenn sie nicht im Kindbett starb.

Cosmas Damian zeugte mit seiner ersten Frau Maria Anna zehn Kinder, die sie zwischen ihrem 19. und 32. Lebensjahr zunächst nahezu jedes Jahr, dann alle zwei bis drei Jahre zur Welt brachte (siehe Genealogie der Familie Asam). War die 1731 geborene und auch bald nach der Geburt verstorbene Maria Margareta Apollonia der Grund, warum Maria Anna Asam am 24. Juli dieses Jahres mit nur 32 Jahren starb? Maria Anna wurde auf dem Friedhof der Münchner Frauenkirche beigesetzt; ihr Grabstein an der südlichen Außenwand der Frauenkirche, gleich neben dem von Johann Michael Fischer, ist das einzige Monument, das von den toten Asams erhalten blieb; von Georg Asam ist immerhin die Grabinschrift überliefert, während die Grabplatte der Schwester Maria Salome in der Johann-Nepomuk-Kirche seit dem Zweiten Weltkrieg verschollen ist.

> *»Die Weiber, welche die vielen Kinder gebären, gehen mit jedem nur an die Schwelle des Lebens; dort müssen sie schon umkehren, um einem neuen Kind entgegenzukommen. Die Kinder verwaisen dabei ...«*
>
> Aus: Rainer Maria Rilke, Florenzer Tagebuch

Eine längere Trauerzeit war Cosmas Damian nicht möglich, denn seine Kinder waren minderjährig und brauchten eine Mutter. So ging er am 24. Februar 1732, auf den Tag sieben Monate nach dem Tode Maria Annas, die Ehe mit der 22-jährigen Maria Ursula Ettenhofer ein. Sie war als viertes von acht Kindern des angesehenen Münchner Kaufmanns und Ratsherrn Johann Friedrich Ettenhofer und seiner Frau Maria Magdalena am 1. März 1710 zur Welt gekommen. Als Trauzeugen fungierten der kurfürstliche Hofmaler Georg Demarées und Franz Joseph Mörl, Cosmas Damians Schwager und der Bruder seiner gerade verstorbenen Frau, ein Beweis für die enge Verbundenheit der Familien.

Der sechs Jahre dauernden Ehe mit Maria Ursula waren drei Kinder beschieden, von denen zwei bald nach der Geburt starben, wohingegen das Nesthäkchen Maria Clara drei Jahre alt wurde.

Sorgen um die Kinder waren allgegenwärtig. 1737 erkrankte die zweijährige Maria Clara, die bei den Großeltern Ettenhofer lebte, während ihre Eltern sich in Mannheim aufhielten, ernstlich, doch der glückliche Opa konnte den besorgten Eltern berichten, »wie daß sich mit er Maria Clarl ihr groß gehabte Khranckheit ganz anderst geendet hat, nemblich, daß sie sich Gott Lob wider in einen ganz ander und zwar in einen guetten Wohlstand befindet, sie mag wider essen und trinckhen, obwohlen nichmandt weder geistl[ich] noch weltlich gedenckhet hat mehr ein Aufkhommen zu sein … wür findten, daß sie Gott Lob von Tag zu Tag wider zunimbt, obwohlen sie vorhero bey 24 Täg nichts geessen hat, leichtlich zu erachten wie sie muß ausgesechen haben.«

Ob Maria Ursula es als demütigend empfand, dass Cosmas Damian im Familiengrab an der Seite seiner ersten Frau Maria Anna zur Ruhe gebettet werden wollte? Ihr selbst war es nicht vergönnt, bei ihrem Gatten beerdigt zu werden. Fast genau fünf Monate nach ihrem Mann Cosmas Damian starb sie am 6. Oktober 1739 im Alter von nur 29 Jahren. Die »churf. Hofmalers und freis. Cammerdienersfrau« wurde zwei Tage später an der Münchner St. Peters-Kirche beigesetzt.

AUS DEM LEBEN EINER KÜNSTLERFAMILIE

Nur wenige Quellen geben uns Einblick in das Familien- und Privatleben der Asams. Das hektische Reiseleben des Vaters und des Schwagers und Onkels wirkte sich auf die Familie aus. Cosmas Damian und seine Geschwister hatten als Kinder ein unstetes Leben geführt und waren mit dem Vater dorthin gezogen, wo dieser gerade arbeitete.

Cosmas Damian hingegen scheint Wert darauf gelegt zu haben, die Familie an einem festen Wohnsitz in der Münchner Theatinerstraße zu sehen, an den er auch immer wieder zurückkehren konnte. Bei seiner häufigen, oft Wochen und Monate dauernden Abwesenheit von München und seinen ständig wechselnden Arbeitsplätzen oblag es der Ehefrau, die Korrespondenz zu führen und Lieferungen weiterzuleiten, Termine zu koordinieren, den Kontakt zu den verschiedenen Geschäftspartnern aufrecht zu erhalten und sich um die Familie und das Wohnhaus zu kümmern.

Bisweilen begleitete ihn seine Frau Maria Anna, »jene wunderhübsche, schlanke, hochgewachsene Münchnerin, von deren Liebreiz jahrelang die Kunde ging«, einmal zu einem Auftrag oder besuchte ihn dort. In Innsbruck handelte er bei der Ausmalung der Jakobskirche aus, dass in seinem Honorar auch 200 fl. für seine Frau inbegriffen waren. Möglicherweise ging sie ihm bei manchen Arbeiten zur Hand. Bei seinem Vertragsabschluss in Weingarten 1718 erklärte sich das Kloster bereit, Quartier und Verpflegung zu übernehmen und ihm die Speisen ›in natura‹ zu liefern, »da er seine Hausfrau mit anhero nehmen sollte.« Nur in Begleitung eines Dieners ritt Maria Anna 1725 mit einer Lieferung Blattgold nach Einsiedeln.

Zwei Jahre später fuhr die »Domina Asamiana« (Frau Asam) mit ihrem Mann nach Kladrau und Břevnov, wo sie in ihrem Bett oder im Schlafzimmer einen wertvollen Ohrring liegen gelassen oder verloren hatte und den dortigen Superior bitten ließ, ihn zu suchen.

Auch seine zweite Frau Maria Ursula begleitete ihn hin und wieder auf seinen Reisen. Im Vertrag mit der Markgräfin Augusta Sibylle von Baden-Baden über die Ausmalung der Ettlinger Schlosskirche wurde 1732 festgelegt, dass er für alle Nebenkosten selbst aufkommen müsste, auch »wehren dem seinem Hier seyn sich und seine Familie zu verkösten …« 1737 fuhren die Asams mit ihrem Sohn Franzl für mehrere Wochen nach Mannheim, wo es die Ausmalung der Jesuitenkirche vorzubereiten galt.

Das Leben der Familie Asam drehte sich nicht nur um die Kunst. Cosmas Damian war Ehemann und Familienmensch und so waren auch ganz alltägliche Dinge wichtig. Maria Ursula! War sie krank oder litt sie an einer Depression, als sie am 25. August 1735 ihrem Mann nach Prag schrieb, der dort die St. Niklas-Kirche in der Altstadt ausmalte und sich über die sommerliche Hitze beklagt hatte?

»Gott zu Grueß. Mein herzallerliebster Cosmas Damian, bedaure, daß er den Schweiß zu Prag muss so schwizen, mein Schaz, es geht bey mir auch nit leer ab, wie es das negste ist villeicht mit dem Todtenschweiss, verzeihe er mir nur alles von Herzen, was Gott geschükht hat …«

Sie berichtet jedoch ohne Punkt und Komma über die alltäglichen Begebenheiten und ihre Sorgen. So schreibt sie über die Verzögerungen beim Bau des Hauses in der Sendlinger Gasse, wo sie zu dieser Zeit wohnt: Der 25-jährigen gefällt es nicht, jetzt in der Sommerhitze hier allein zu sitzen (und ihre neugeborene Tochter Maria Clara versorgen zu müssen). Der Schwager Egid Quirin hat gerade seine schweißtreibende Arbeit in Ingolstadt beendet und in der Liebfrauenkirche zwei Kapellen stuckiert und nun will er mit seinem Neffen Franz Erasmus in die Ferien fahren (der allerdings mit dem Vater in Prag ist): »es muess ihn dise Arbeit schwizent gemacht haben, weillen er schon fertig ist, mache er fein iezt Vacanz, mit dem Franzl …« Auch die beiden Töchter reisen in die Sommerfrische: »die Anna Teres und Caty gehen in die Vacanz auf Maria Ainsidl, es lassen sich nit mehr aufhalten, so bin ich halt fein gar allein, in Gots Namen …«

Von der zweitältesten Tochter weiß sie Wichtiges zu erzählen: Der Schwager Egid Quirin hat ihr von Weltenburg aus einen Brief des Klosters Hohenwarth zugeschickt, aus dem hervorgeht, dass Anna Theres in zwei Jahren dort aufgenommen werden soll und dass man anstelle des üblichen Bargeldes vom Vater lieber die Klosterkirche kostenlos ausgestattet haben wolle, »indeme er schon villen Gottsheusern geholfen hat, und wollen halt gebetten haben, daß kein abschlögige Antworth bekhommen, und solche in Standt durch den Herr Vatter thet kommen alwo die Jungfrau Tochter ein ewiges Angedenkhen hett und die Kirchen auszumachen lieber wer als das parr Gelt …«

Schließlich äußert sie noch einen Wunsch, der der Frau eines wohlhabenden Künstlers zusteht: »hette eine Bitt, wan es sein kundte, und nit zu theuer were, um ein solches Belzfutter wie es unter meinen grienen Belz ist, under ein Conduschl *(Oberkleid)* oder Wepelt *(Gewebe, bayer. ›Wepp‹)* unders Mieder were nit so dikh als der Bölz und warm, vor mich …«

Zu ihren Pflichten als Hausfrau, das heißt als Hausherrin, gehörte es, sich um das Wohnhaus und die Mieter oder Inleute zu kümmern. Sie suchte neue Mieter, muss aber eingestehen, »daß ich weiter noch niemandts hab … der Herr Tremmer und der H. Trost haben sich weitleiffig antragen lassen, man kann schon erwarten, das recht anstendige Leut gibt und die Zimmer nit merer runiert weren.«

Die Schwägerin Maria Salome, die ihrer Familie am 5. Juli 1737 nach Mannheim schreibt, weiß allerlei Interessantes zu Mord, Totschlag und Unglücken zu berichten: »Neues weiß ich nichts, als daß zu Freussing ein Weib sich erdrukht, ein Soldat auf der Haubtwach vor sich selbst erschossen, in Regensburg der S. Emeraner Schörg sein Weib erschossen, ein lutherischer Khumbpferschmidt sein Weib todtgeschlagen. Hier war vor 3 Tegen ein ensezliches Wetter *(Gewitter)* und auch beym Heilligen Geist in Durn *(in den Turm der Heiliggeistkirche)* eingeschlagen, daß es ein der geleit *(einen, der geläutet)* hadt auch getroffen und firr tott herrumb gezogen worthen. Zu Sendtling einen erschlagen, der Hendtl *(Hähnchen)* gedragen. 2 seindt erschlagen, die ander seind herrumbgeloffen. Nit weith von Hochawarth *(Hohenwart)* ist das Schloß und anders zusamben verbrent durch das Gewitter.«

Auch die Töchter Anna Theres und Caty (siehe Abb. 129), die 1737 als Pensionatsschülerinnen im Straubinger Ursulinenkloster lebten, beschäftigten ganz profane Dinge. In einem Brief vom 8. Juli 1737, den sie in der Manier des Adels mit einer (wenn auch nicht ganz fehlerfreien) französischen Anrede – »Monsieur très honnoré cher pere. Et Madame cher mere« *(sehr geehrter lieber Herr Vater und liebe Frau Mutter)* – beginnen, freuen sie sich, dass ihre Eltern wohlbehalten aus Mannheim nach München zurückgekehrt sind und erwarten »mit starcken Verlangen unsern herzliebsten Herrn Vatter bäldist *(baldigst)* allhier zu sechen.« Sie bitten darum, »uns noch Hemmeter *(Hemden)* zu schikhen, dan wür nur alle 8 oder 10 Wochen waschen. Es hat auch keine von uns eigen Schlaffhauben.« Da sie »zuzeiten mit starkem Chartar überfallen sind«, bitten sie außerdem, »uns Jesuiter Pillerle zu sendten, auch nach der vätter- oder mütterlichen Belieben etwas weniges von Thée und Zuckher ausfolgen lassen.« Das klingt nicht gerade nach großer

Fürsorge des Klosters gegenüber seinen Schützlingen, deren Vater und Onkel immerhin die Klosterkirche neu ausgestalten.

Ein probates Schnupfenmittel
Die ›Jesuitenpillen‹, die aus der ›Jesuitenrinde‹ genannten Chinarinde hergestellt wurden, waren in Deutschland seit der Mitte des 17. Jahrhundert ein beliebtes fiebersenkendes Mittel, das auch als ›Jesuitenpulver‹ in den Handel kam.

Schwiegervater Johann Friedrich Ettenhofer und Egid Quirin hatten während des Mannheimer Aufenthalts Cosmas Damians ein Auge auf das Schlössl in Thalkirchen und berichteten von der dortigen Sägemühle, dem Müller und dem Verwalter oder Pfleger, von dem Egid Quirin nichts hielt, denn »der Pflöger ist ein fauller Dachdieb *(Tagedieb)*.«

Aus allen Briefen der Asams gewinnt man den Eindruck eines liebevollen Umgangs und harmonischen Familienlebens, nicht nur unter den Eheleuten. Cosmas Damian befleißigte sich in seinen Briefen einer sogar für seine Zeit eigenwilligen Diktion und Rechtschreibung, die das Verständnis bisweilen erschweren oder unmöglich machen. Das wird deutlich in einem Brief, den er als Erwiderung auf Glückwünsche zum Pfingstfest 1738 aus Friedberg an seine Frau schickte, die sehr darunter litt, dass ihre kleine Tochter Maria Clara (die noch im selben Jahr starb) erkrankt war:

»A: Madam – Madam Maria Ursula Asamin, le present In der Schwabinger Gassen p. Minchen.
Gelobt sey Jesus Cristus.
Bedankhe mich vor den feirdag wunsch und winsche von herzen auch alle siben Gaben des heilligen Geistes das er unß in seiner gottlichen Gnadt wolle erhalten: und mir nach seinen willen leben und sterben. Winsche auch vill Glikh zu einen gesundten Vorgang. Und mundter sie sich vein auff: und fier sie sich zu Maria Einsiedl als ein Frau und ihr dienerin. So ist vergniegt p. Das glarel (die kleine Clara) wirt gewiß besser. Was

Ringsiegel Cosmas Damian Asams in Kloster Weltenburg

da wasser anlangt hat es nit nedtig mer. Wollen sie ihren trib und fuer nit behaubten so sehen sie zue. P. Wass sagt dan Herr geuegtschreiber und Herr Bauer, was sie mir raden das will ich daun p. Wan ir solle ein augenscheine gehalten werthen so seige es p. Und wehere guedt wan ihr keine schult in keiner sach, lass nur ein mall ihre spissfündtige rödten aussen und seyes fein woll auf. Dugadten graden schon wan ich nur einnimb. Der Hei. Johanes wirt schon schikhen wann er sein Kirchen vergolt will haben, ich bin in meiner armuedt garwoll vergniegt. Und ist mir nur laidt das die Feirdeg ich kein gelehenheit nit habe, meinen schaz zu tresten. Godt befolchen und Maria Einsidl alles in allen.
Fridtberg, den 29. May 1738
An Herren Vadter und Frauen Muedter pp. ales schens. Womit verbleibe mein Schaz ihr getreuer
Cos Da: Asam
Von Franzl seine gehorsambste schenste Empfelchung nebst seiner complament allerseits.

EGID QUIRIN, DER JUNGGESELLE

Egid Quirin Asam blieb Zeit seines Lebens unverheiratet. Über den Grund ließe sich spekulieren; man hat es seiner Arbeitsbelastung zugeschrieben, die ihm keine Zeit gelassen habe, eine Familie zu gründen. Man müsste in diesem Fall hinzufügen: Die Vielzahl seiner Talente ließ ihm keine Zeit. Doch warum gelang das Cosmas Damian, der mindestens genauso viel, wenn nicht mehr Arbeit hatte? Und warum hat er ihn in Weltenburg als Engel dargestellt (siehe Abb. S. 82)?

Als Junggeselle war Egid Quirin Mitglied der »Bruederschaft deren Ledigen oder Jungen Gesöllen«, von der er auch gemäß seiner testamentarischen Verfügung vom 8. November 1745 zu Grabe getragen werden wollte. Da er sich den jungen

Männern gegenüber verantwortlich fühlte, wollte er mit dem Bau der Kapelle beim Thalkirchener Schlössl »bey der jungen Pursch am Sonn- und Feurtegen die Müeßigang in etwas zuverhüetten« und ihnen ein sonntägliches Ausflugsziel zur leiblichen und geistlichen Erbauung bieten.

Aus Egids Privatleben ist noch viel weniger bekannt als aus dem seines Bruders. Es spielte sich weitgehend im familiären Umfeld ab. Er war der unverheiratete Onkel Egidy, dem man schon einmal die Töchter anvertrauen konnte oder der mit seinem Neffen und Patensohn Franzl in die ›Vakanz‹ fuhr. Er hütete die Häuser, wenn die anderen verreist waren, und kümmerte sich ums Geschäftliche. Mittelpunkt und Oberhaupt der Familie war freilich Cosmas Damian, nachdem der älteste Bruder Philipp Emanuel im Kloster lebte.

Und doch war Egidy ein selbstständiger Unternehmer und kein Anhängsel des großen Bruders. Hauptsächlich als Altarbauer besaß er einen großen Namen. Die Brüder hatten oft verschiedene Aufträge und arbeiteten vielerorts unabhängig voneinander. In Abwesenheit des Bruders führte Egid Quirin die Geschäfte, begutachtete, verhandelte und schloss Kontrakte in eigenem und in beider Namen, wie das Beispiel der Straubinger Ursulinenkirche zeigt (siehe S. 97f.).

Am 22. April 1737 schildert er in einem Brief an Bruder und Schwägerin nach Mannheim ausführlich seine Begutachtung eines kleinen Bauvorhabens im Münchner Klarissenkloster am Anger, zu dem er in seiner Gutmütigkeit kostenlos Hilfe leistet: »alsdann solle ich unden her *(an einen neuen großen Bogen)* ein wenige Stuckhador darran machen, welche awer nicht vill soll kosten, dan sie sindt gar arm … so hawe ich halt ein kleins Rissl *(Entwurf)* gemacht …« Er hofft, in wenigen Tagen den Auftrag zu erhalten. Im gleichen Atemzug erzählt er vom stockenden Bau in Straubing und einigen Geschenken, die die Klöster Walderbach und Gotteszell dem »wol edl hochgeehrtigsten liebwerthisten aller liebsten Herrn Prudter« geschickt haben. Außerdem schreibt er begeistert von der Ankunft der Reliquie des hl. Johannes Nepomuk, für deren Vermittlung (siehe S. 126) »ich meinem Herr Prudter die Hend kisse und mich höflich bedanckh, und winsch, daß mirs solches lang geniessen können. Hier und dorth ewig Amen.«

DIE FROMMEN BRÜDER

Die beiden Asams hegten einen tiefen und echten, bisweilen fast kindlichen Glauben, sei es durch die Stiftung zweier eigener Gotteshäuser und eine intensive Heiligenverehrung, sei es durch den teilweisen oder gänzlichen Verzicht auf Honorare »den Kirchen zugute«.

Neben den Namenspatronen standen in erster Linie die beiden Schutzpatrone Bayerns, Maria und Johannes Nepomuk, im Mittelpunkt der Asam'schen Frömmigkeit. Cosmas Damian weihte die Kapelle im Thalkirchener Schlössl dem Wallfahrtsbild der Maria aus Kloster Einsiedeln, zu dem er eine große Zuneigung empfand. Seine Marienverehrung wird auch in der Grabinschrift für seine Frau Maria Anna an der Münchner Frauenkirche zum Ausdruck gebracht: »Nun ist der feindt ein mahl erlegt / ich bin all gfahr entwichen / der Englisch grueß so vill vermögt / das ßeelig bin verblichen / Maria mir beygestanden ist / in meinen letzten nöthen / willst seelig sein mein frommer Christ / thues ave fleisig betten.« Wer die Inschrift entworfen hat, Maria Anna, Cosmas Damian oder sein Bruder P. Engelbert, sei dahingestellt.

1733 ersuchte Cosmas Damian das fürstbischöfliche Ordinariat in Freising um die Erlaubnis, »in die von ihme neuerpaute Capelln zu Maria Einsidl Thall die Erzbruderschaft des heyl. Rosenkranzes« einführen zu dürfen, von der er für sich und seine Familie eine besondere Gebetsfürsorge erwarten konnte. Präses wurde der Pfarrer von Sendling; alle Kosten für die Bruderschaft und die Andachten jeweils am ersten Sonntag im Mai, Juni, September und Oktober und für die Seelenmessen an den Marienfesten Geburt, Reinigung, Verkündigung und Himmelfahrt übernahm Cosmas Damian, »sollte aber Gott mich durch zeitlichen Tod von hier abfordern, so liget dise Schuldigkeit meinen Erben ob, iedoch nur solange und vill, bis gleichwollen dise Heyl. Bruderschaft sich selbsten fundirt haben werde *(auf einer sicheren finanziellen Grundlage stehen werde)*.«

Bezeichnend für Egid Quirins Frömmigkeit ist eine Bemerkung in einem Brief an Fürstbischof Johann Theodor von Freising vom 7. April 1729: »weill ich einen sonderen Eifer zum Altar des allerheyligsten Sacramenti trage.« In seinem Schlafzimmer im Haus in der Sendlinger Straße brachte er ein Fensterchen zum Kirchenraum an, durch das er direkt auf den Altar seines Namenspatrons Ägidius auf der Evangelienseite blicken konnte (auf der Epistelseite entspricht ihm der Altar des hl. Quirin). Sein Portrait und das seines Bruders hingen bis zu ihrer Zerstörung 1944 unter den beiden Logen beiderseits des Hochaltars, sodass sie bei ihrer persönlichen Abwesenheit und nach ihrem Tode auf jeden Fall ›in effigie‹ (als gemaltes Bildnis) stets am Messopfer teilnehmen konnten.

1737 hatte Egid Quirin die heiß begehrte Reliquie des hl. Johannes Nepomuk für seine Kirche erhalten (siehe S. 126) und wollte ihr 1746 eine weitere zur Seite stellen. Der Priester und »Quarnison Kaplan« des Prechhaus genannten Münchner Militärlazaretts, Norbert Saatzer, ein eifriger Verehrer der hl. Thekla, bestellte bei Egid Quirin für die Kapelle des Prechhauses ein »5 Schuech hoch gemahlene Biltnus der Heyl. Theclae«. Im Gegenzug versprach er ihm eine Reliquie des Johannes Nepomuk, einen »schönen großen Particul«, die er »dem Aegidio Asamb fresco Mallern« aber sogleich wieder abnahm und dafür verklagt wurde. Indes hatte diese Klage keinen Erfolg, denn der keineswegs unbescholtene Saatzer wurde wegen einiger Vorfälle 1748 aus der Diözese Freising ausgewiesen (er war Priester des Erzbistums Prag) und Egid Quirin ging bei der Einforderung seiner Schulden leer aus.

DAS ENDE

In den Jahren 1737 bis 1739 verlangsamte sich das Arbeitstempo bei Cosmas Damian merklich. Er bereitete zwar die Ausmalung der Jesuitenkirche in Mannheim vor, aber von der Ursulinenkirche in Straubing abgesehen schuf er im Vergleich zu früher nur noch kleinere Werke wie die Chorfresken in der Wallfahrtskirche zu Friedberg oder die Klosterbibliothek in St. Emmeram. Er arbeitete wohl viel in der ›Familienkirche‹ in München, aber seine Kräfte ließen nach. Am 8. Mai 1739 verfasste er sein Testament, wohl ahnend, dass es mit ihm zu Ende ging. Hierin legte er fest, dass der »von der Erden genohmmene Leichnamb widerum zur Erden und zwar auf Unserer Lieben Frau Gotts-Ackher alhier in die dorth selbsthabente aigne Begräbnus nechst meiner verstorbenen lieben Eheconsortin seelig bestättet werden« sollte, also in der Familiengrabstätte auf dem Friedhof der Frauenkirche. Sein Vermögen verteilte er an seine Familie – wobei Sohn Franz Erasmus als Sorgenkind nur 1000 fl. in bar erhielt (siehe S. 131), aber nach dem Tode der Stiefmutter nur wenige Monate später das elterliche Haus in der Theatinerstraße erbte – und an geistliche Bruderschaften wie die Priesterbruderschaft zu St. Johann Nepomuk, der er bereits das Priesterhaus in der Sendlinger Straße verkauft hatte.

Vom letzten Tag seines Lebens ist durch eine Notiz des Münchner Hofbibliothekars Andreas Felix von Oefele überliefert, dass er noch Blumenfiguren zeichnete (»florias figuras delinesasset«). Am 10. Mai 1739, einem Sonntagmorgen, starb er zwischen fünf und sechs Uhr »ex rupto apothemate« – an einem plötzlich aufbrechenden Geschwür. Zwei Tage danach trug man ihn zu Grabe.

Seinem Bruder Egid Quirin hinterließ Cosmas Damian einige Arbeit zur Vollendung: Die Straubinger Ursulinenkirche, möglicherweise die St. Emmeramer Bibliothek und nicht zuletzt die Ausmalung der Mannheimer Jesuitenkirche. Der Tod des älteren Bruders traf Egid Quirin schwer, hatten sie doch fast 25 Jahre eine künstlerische Einheit und Symbiose sondergleichen gebildet und schier unglaubliche Leistungen vollbracht – er muss sich zur Hälfte amputiert gefühlt haben. Auch sein Arbeitstempo verlangsamte sich nun merklich. Dies mag auch damit zusammenhängen, dass das Rokoko aufblühte mit einer anderen Formensprache als derjenigen, die er in seinen Dekorationen bislang gebraucht hatte. Egid Quirin hat nie die asymmetrische Rocaille in ihrer Überfeinerung und Zerbrechlichkeit übernommen. Kam er außer Mode, wie das auch bei anderen Künstlern seiner Generation der Fall war? Oder spielten gesundheitliche Probleme eine Rolle?

Nachdem er 1742 noch den Chor der Pfarrkirche in Dorfen stuckiert und ausgemalt hatte, ist von ihm aus den Jahren 1743 bis 1746 und aus dem Jahr 1748 überhaupt kein Werk bekannt, was die Folge seines Schlaganfalls und einer allgemeinen Aufzehrung seiner Kräfte war. Dies geht aus seinem Testament vom 8. November 1745 hervor, in dem er seiner Befürchtung Ausdruck verleiht, er könne einen zweiten Schlaganfall erleiden: »Nachdem ich, Aegidi Quirin Asam, Bildhauer und Maler alhier in München, durch die endliche Vorsicht und Zuelassung Gottes schon einsmahls mit einem Schlagfluss berüehret worden, mithin zu beförchten, es mechte dises Ybel gehling widerumben recurrieren *(plötzlich wieder auftreten)*, und mir, da bevorab mich schon albereits auf einem etlich und 50jährigen Alter, auch bey sehr ausgearbeitheten Chräften befünde, ein schnelles Lebensend verursachen ...« Seinen letzten Willen setzt er jedoch »bey best besizender Vernunfft ... und zwar ohne Antrib würckhlicher Bethlegrigkeit oder einer schweren Leibsinfirmität, sondern ganz ungezwungen und mit freyestem Gemüethe« auf. Egid Quirin erholte sich soweit, dass er einige kleinere Arbeiten verrichten und zum Schluss nochmals in einer gewaltigen Kraftanstrengung die Stuckierung und Ausmalung der Mannheimer Jesuitenkirche in Angriff nehmen konnte. Darüber starb Egid Quirin am 29. April 1750, wie eine spätere Quelle berichtet, nach einem Sturz in der Kirche. Er wurde 58 Jahre alt. Sein letzter und sehnlicher Wunsch, »seinen toden Leichnamb ... in die Kruft des von mir zu Ehren des H. Joannis v. Nepomuckh, meines specialen Hilfs- und Schuzpatrons, an der Sendlingergassen alhier erbauten Kirchels bis zu seiner endlich verhoffents glickhseligen Auferstehung zu hinterlegen«, erfüllte sich nicht. Fern seiner Heimat wurde er wahrscheinlich in Mannheim beigesetzt, sein Grab ist wie das seines Vaters und seines Bruder Cosmas Damian verschollen.

4 Italienische Wurzeln

»TODESCHI PIU IDIOTI NELL'EDIFICARE« – KEINE AHNUNG VOM BAUEN

»… non volendo alle cometter a Todeschi piu idioti nell'edificare una fabrica di tanta importanza …« (»da sie nicht wünsche, Deutschen, die ohne jede Erfahrung in der Baukunst sind, ein Bauunternehmen von solcher Bedeutung anzuvertrauen«) – dieses wenig schmeichelhafte Urteil über die mangelnden künstlerischen Fähigkeiten der Deutschen äußerte 1663 die Gemahlin des bayerischen Kurfürsten Ferdinand Maria (reg. 1651–79). Die aus Turin stammende Henriette Maria Adelaide (kurz: Adelheid) von Savoyen (1636–76) sollte König Ludwig XIV. von Frankreich heiraten; nachdem sich dieses Vorhaben aber zerschlagen hatte, musste sie mit dem Wittelsbacher Ferdinand Maria vorlieb nehmen, als dessen Gemahlin sie 1652 in München einzog.

Welches Land fand sie vor! Ein Land, das zerschlagen vom gerade vier Jahre beendeten Dreißigjährigen Krieg darniederlag, in dem in künstlerischer Hinsicht nichts mehr gefestigt war – ganz anders als in Frankreich, das sich daran machte, das tonangebende Italien kulturell zu überflügeln und dessen Sprache *die* europäische Gesellschaftssprache werden sollte. In Bayern waren seit den 1630er-Jahren weite Landstriche verwüstet, Städte, Dörfer und Burgen niedergebrannt, Schlösser und Klöster geplündert und angezündet worden, Kirchen standen in Ruinen – es dauerte mancherorts ein halbes Jahrhundert, bis diese Schäden beseitigt waren.

Der Maler und Kunstschriftsteller Joachim Sandrart äußerte sich 1675 ganz in diesem Sinne zur Situation der Malerei, als er über den in Passau tätigen Freskanten Carpoforo Tencalla schrieb: »Dieser fürtreffliche Künstler hat die fast ganz darnider ligende Kunst in fresco zu mahlen wieder erhoben und seine herrliche Erfahrenheit durch allerhand schöne verfärtigte Werke an Tag geleget.«

Was also sollte hier eine Italienerin anfangen? Blieb ihr etwas anderes übrig, als den Glanz ihres Hoflebens nach Bayern zu verpflanzen? So holte sie Dichter und Künstler, Sänger und Musiker aus der Heimat. Auf diese Weise entstand nicht nur einer der prachtvollsten Fürstenhöfe jener Zeit, sondern sie erzeugte damit eine gewaltige Welle, die Bayern mehr als ein halbes Jahrhundert geradezu überspülte.

Seit den 1680er-Jahren begann unter ihrem Sohn, dem frankophilen und mit König Ludwig XIV. familiär verbundenen Kurfürsten Max Emanuel, der Einfluss Frankreichs auf die Kunst in Bayern zu wachsen, doch aus der italienischen ›Vormundschaft‹ löste man sich so richtig erst seit Beginn des 18. Jahrhunderts, als in der Dekorationskunst mit dem Bandelwerk und Régence-Ornament durch die Ornamentstiche des Jean Berrain der Einfluss Frankreichs zunahm; Französisches vermischte sich zunächst mit Italienischem und trat dann selbstständig und emanzipiert auf, bis schließlich im Laufe des 18. Jahrhunderts das kleine Kurfürstentum Bayern zeitweise selbst die künstlerische Führungsrolle übernahm.

Die zweite Hälfte des 17. Jahrhunderts jedoch war gerade für Bayern eine überwiegend italienische Epoche. Barelli, Zuccalli, Carlone, Tencalla, Riva, Viscardi, Perti, Brenni, Appiani, d'Allio, Lurago, Lucchese, Camesino, Gabrieli, Provisore, Volpini, Camuzzi – das sind nur einige Namen, die für die zahlreichen Mitglieder der Sippen von Architekten, Bauhandwerkern und Stuckateuren, von Malern und Bildhauern stehen, die sich damals in Bayern niederließen oder hier saisonal tätig waren. Norditaliener und Graubündner beherrschten die Großbauten in Altötting, München, Fürstenfeld, Ettal, Waldsassen, Tegernsee oder Passau, und die einheimischen Kräfte standen hierbei, von wenigen Ausnahmen abgesehen, in der zweiten Reihe.

Bayerische Künstler, die in dieser Zeit ihre Ausbildung erhielten, kamen also ganz zwangsläufig mit der Kunst all'italiana in Berührung. Dies trifft ganz besonders auf Cosmas Damian und Egid Quirin Asam zu. Denn von frühester Jugend konnten sie aus nächster Nähe italienischen Handwerkern und Künstlern bei der Arbeit zuschauen.

Als die Familie Asam 1696 nach Fürstenfeld umzog, wo Vater Georg bei der Ausstattung des neu erbauten Klosters tätig wurde, arbeitete er mit den Stuckateuren Niccoló Perti und Pietro Francesco Appiani zusammen und lernte auch den Architekten Giovanni Antonio Viscardi (1645–1713) kennen, der seit 1691 den Neubau des Klosters führte. Aus dieser Bekanntschaft erwuchs eine anderthalb Jahrzehnte währende Zusammenarbeit, die erst mit Asams Tod 1711 endete. Viscardi zog Asam, Perti und Appiani immer wieder zu größeren Bauprojekten heran wie in Helfenberg, Schönach, Alteglofsheim, Freystadt und Freising, vielleicht auch in Frauenbrünnl bei Straubing und in Weihenstephan.

Die zu Auftraggebern und Künstlerkollegen geknüpften Kontakte sollten sich nicht nur für die beiden Söhne Asams noch Jahre und Jahrzehnte später als fruchtbar erweisen, sondern auch ihre Ausbildung nachhaltig beeinflussen. Dies macht derjenige Kirchenbau deutlich, der wie kaum ein anderer seiner Zeit in Bayern italienische Einflüsse erkennen lässt: die Wallfahrtskirche Maria Hilf bei Freystadt in der Oberpfalz.

Der mächtige Kuppelbau ist eine der architekturgeschichtlich bedeutendsten Kirchenbauten des frühen 18. Jahrhunderts in Bayern, der große Vorbilder verarbeitete und selbst mehr als ein halbes Jahrhundert von großem Einfluss war. Der Grundherr Graf Ferdinand Lorenz Franz Xaver von Tilly holte sich für den Neubau der Wallfahrtskirche und ihre Ausstattung Viscardi, Appiani und Asam. Der 1699 geplante und 1700 grundgelegte Bau kam durch den Spanischen Erbfolgekrieg 1703 zum Erliegen; erst 1708/09 erfolgten Stuckierung und Ausmalung, als die Asam-Brüder in ihrer künstlerischen Ausbildung standen.

Die Kirche wurde für die weitere Entwicklung der spätbarocken Architektur in Bayern richtungsweisend. Welche Vorbilder und Traditionen prägen den Bau? Viscardi hatte 1674/75 als Polier unter dem kurfürstlichen Oberhofbaumeister Henrico Zuccalli (um 1642–1724) an der ersten rein italienischen Zentralbauplanung in Bayern gearbeitet, dem 1678 wegen Geldmangels eingestellten Projekt der Überbauung der Heiligen Kapelle in Altötting. Zuccalli selbst stützte sich dabei auf Anregungen des italienischen ›Stararchitekten‹ Gianlorenzo Bernini (1598–1680). Die Einflüsse Berninis im Schaffen Viscardis sind wohl durch Zuccalli vermittelt worden, der den größten aller Barockarchitekten persönlich gekannt haben könnte. Das Aufrissschema von Maria Hilf in Freystadt gibt es schon in Zuccallis Altöttinger Projekt. Den Grundriss übernahm Viscardi wörtlich von einer der prominentesten Kirchen Roms, S. Agnese in Agone an der Piazza Navona.

»COSIMO DAMIANO ASAVI BAVARO« – DER BAYER COSMAS DAMIAN ASAM IN ROM

In Cosmas Damian Asams Werkverzeichnis klafft für die Jahre 1711 bis 1713 eine Lücke: Es war die Zeit seines Studienaufenthaltes in Rom. Am 5. März 1711 starb sein Vater im oberpfälzischen Sulzbach, aber wo sich Cosmas Damian damals aufhielt, ist nicht bekannt; wie schon erwähnt, blieben seine Mutter Maria Theresia, sein Bruder Egid Quirin und seine zwei Schwestern wegen kleinerer Aufträge noch bis zum Sommer vor Ort und kehrten dann in ihr Haus in München zurück. Vielleicht hatte sich Cosmas Damian schon nach Rom aufgemacht, wo er bis 1713 lebte.

Cosmas Damian war mit 25 Jahren kein Jüngling mehr und offensichtlich hatte man seine herausragende Begabung erkannt. Wer ermöglichte ihm einen Studienaufenthalt in Rom? Ob es ihn, wie viele andere, selbst dorthin zog, wissen wir nicht. Nach der Überlieferung war es Abt Quirin Millon von Tegernsee, von 1705 bis 1711 Sekretär und Präses der bayerischen Benediktiner-Kongregation in Rom, der die Brüder in die Ewige Stadt schickte. Für Egid Quirin trifft das jedenfalls nicht zu, denn er trat 1711 seine Lehre bei Andreas Faistenberger in München an. Vielleicht war es auch der aus Tegernsee stammende Abt Bonaventura Oberhuber von Kloster Ensdorf gewesen, vor Abt Quirin von 1690 bis 1701 Procurator der bayerischen Benediktiner-Kongregation in Rom. Von ihm erhielt Cosmas Damian nach seiner Rückkehr 1714 seinen ersten Großauftrag.

Als 1980 die Zeichnung bekannt gemacht wurde, mit der Cosmas Damian 1713 den ersten Preis in der ersten Klasse für Malerei des ›Concorso Clementino‹ gewonnen hatte, konnte erstmals der Romaufenthalt des jungen Malers näher beleuchtet werden.

Der Concorso Clementino
war ein internationaler Künstlerwettbewerb, den Papst Clemens XI. 1702 gestiftet hatte. Er wurde von der Accademia di San Luca in Rom in den Fächern Architektur, Malerei und Bildhauerei veranstaltet, wozu es je drei Klassen mit je drei Preisen gab. Am 23. März 1713 gab es zwei deutsche Gewinner des ersten Preises: »Cosimo Damiano Asavi Bavaro« in der ersten und den Allgäuer Franz Georg Herrmann in der zweiten Klasse.

Die im 16. Jahrhundert gegründete Accademia di San Luca – der hl. Lukas wurde als Patron der Maler verehrt – war unter dem Maler Carlo Maratti (1625–1713), der sie von 1664 bis zu seinem Tod leitete, zu einer der einflussreichsten Kunstinstitutionen Roms, wenn nicht Europas, geworden. Maratti, der einen antibarocken Klassizismus vertrat, forderte das Nachzeichnen der Werke der Antike und der großen Meister wie Raffael, der Carracci, Guido Reni und Domenichino. Tatsächlich hat Cosmas Damian diese Anweisung genau befolgt und sich in seiner Kunstauffassung an das alles überstrahlende Vorbild Marattis angelehnt. Die Anregungen, die ihm der italienische Aufenthalt vermittelt hatte, wirkten in seinem Schaffen lebenslang fort.

Er geriet auch unter den Einfluss Benedetto Lutis, von dem er lernte, den Hintergrund seiner Bilder im Licht erstrahlen und ihn in einem hellen *sfumato* versinken zu lassen. Die hellen und kräftigen Lichteffekte seiner späteren Werke verdankte Asam ohne Zweifel der Bekanntschaft mit den Werken des Venezianers Sebastiano Ricci, der zu jener Zeit in Rom weilte. Er verinnerlichte für seine Tafelmalerei nicht nur die Kunstauffassung der Accademia, sondern schloss sich auch an aktuelle Strömungen der illusionistischen Monumentalmalerei eines Pietro da Cortona oder eines Andrea Pozzo an. Hier erwarb er nicht nur seine vorzüglichen Kenntnisse in der Perspektivmalerei, die er in seinen gemalten Kuppelkonstruktionen in Michelfeld, Weingarten oder Aldersbach bewies, sondern auch seine lebenslange Vorliebe für kräftige Rahmen um seine Fresken. Ohne die Kenntnis der Hell-Dunkel-Malerei eines Caravaggio ist die Lichtführung seiner Malerei nicht vorstellbar.

Dass Cosmas Damian die Kunst und Architektur Roms aufs Genaueste studierte und hierbei die Werke des unsterblichen Gianlorenzo Bernini im Mittelpunkt seines Interesses standen, steht außer Frage. Zudem liegt die Vermutung nahe, dass er, wie viele andere seiner Kollegen, Neapel besuchte, denn in seinem Werk gibt es Motive, die er nur dort gesehen haben kann.

AUCH EGID QUIRIN IN ROM?

Noch immer ist die Frage unbeantwortet, woher Egid Quirin Asam seine Kenntnisse der italienischen Kunst hatte. Er nahm sie natürlich schon seit frühester Jugend in sich auf. Zweimal hatte sein Vater zu einer Zeit, als der Bub groß genug war, um zu schauen und zu begreifen, mit Viscardi und Niccoló Perti gearbeitet: 1700 bis 1702 in Helfenberg und 1703 bis 1704 in Schönach, und es besteht für mich kaum ein Zweifel, dass in Freystadt der damals 16-jährige Egid Quirin in Pietro Francesco Appiani seinen Lehrmeister in der Kunst des Stuckierens gefunden hatte.

Doch wie steht es um seinen Romaufenthalt? Ist eine Inszenierung des Lichts wie in der Sakramentskapelle des Freisinger Doms, in der Klosterkirche zu Weltenburg oder eine so grandiose Darstellung der Himmelfahrt Mariens wie am Hochaltar der Klosterkirche in Rohr oder die Fassade seiner Johann-Nepomuk-Kirche in München ohne ein Studium der römischen Kunst möglich?

Bei seinem Vater hatte Egid Quirin offensichtlich die Malerei erlernt, denn im Werkvertrag über die Ausmalung der Wallfahrtskirche in Freystadt werden 1708 Georg Asams »beede mitarbeitende Söhne« erwähnt. 1711 begann er seine Bildhauerlehre bei Andreas Faistenberger in München. Er war 19 Jahre alt, ein Alter, in dem Lehrlinge normalerweise ausgelernt hatten. Es ist kaum vorstellbar, dass dieser überaus begabte junge Mann damals nicht schon eine Lehre als Stuckator oder Maler, als Fassmaler oder Vergolder in der elterlichen Werkstatt absolviert haben sollte.

Seit Goethes ›Italienischer Reise‹ hat sich in uns die Vorstellung festgesetzt, Rom-Aufenthalte hätten ein, zwei oder drei Jahre gedauert. Aber es gibt genügend Zeugnisse, dass viele, wenn nicht die meisten Künstler aufgrund eingeschränkter finanzieller Möglichkeiten nur ganz kurz, ein paar Wochen oder Monate, vielleicht ein halbes Jahr, in Rom studieren konnten. Es ist wenig wahrscheinlich, dass Egid Quirin 1713 nach Rom fuhr, um seinen Bruder nach dessen erfolgreicher Akademiezeit zu besuchen und mit ihm herum- und zurückzureisen, denn das würde bedeuten, dass er seine Ausbildung bei Faistenberger hätte unterbrechen müssen, die ja erst mit seiner Freisprechung 1716 endete.

Der ›italienischen Manier‹ des wuchtigen und schweren Stucks mit seinen mächtigen Figuren begegnete Egid Quirin in Bayern allerorten: in der Theatinerkirche in München (Carlo Brentano Moretti, Niccoló Perti und Abraham Leuthner) und in der Klosterkirche Tegernsee (Perti), in Fürstenfeld (Perti und Appiani), in der Freisinger Maximilianskapelle (Nikolaus Liechtenfurtner?) ebenso wie in der Stadtpfarrkirche von Cham (Giuseppe Vasallo), in Freystadt, Helfenberg und Schönach (Perti und Appiani). Insbesondere die Schöpfungen der führenden Stuckateurwerkstatt des Oberitalieners Giovanni Battista Carlone und seines Kreises waren nie sehr weit von den Orten entfernt, an denen sich der junge Egid Quirin aufhielt: im Kaisersaal von Alteglofsheim, im Rondellzimmer von Schloss Wörth an der Donau, im Regensburger Dom, in Karthaus-Prüll bei Regensburg und in der Straubinger Karmelitenkirche, wohin man von Schönach und Frauenbrünnl, wo Georg Asam 1705 bis 1707 tätig war, leicht gelangte. In Amberg, wo Carlone und seine Werkstatt 1696 die Salesianerinnenkirche und 1702/03 die Mariahilfkirche stuckierten, wohnte die Familie Asam ein Jahr lang; auf dem Weg nach Regensburg konnte man das (vielleicht von Carlone stuckierte) Hammerschloss in Traidendorf besuchen.

Betrachtet man Egid Quirin Asams Altarschöpfungen in Rohr und in Weltenburg als Bühnenarchitektur für ein heiliges Schauspiel, so wird man schon in die richtige Richtung gewiesen. Was wir mit dem Schlagwort ›theatrum sacrum‹, heiliges Theater, zu bezeichnen pflegen, ist tatsächlich die ins Bildnerische übersetzte Theaterwelt. Kulissen werden gestaffelt, Licht wird gelenkt, die Figuren agieren wie auf der Bühne, in den gleichen gezierten Posen, im Kreuzschritt, mit mächtigen, weit ausholenden Gesten und in einer ›lauten‹ (Bild-)Sprache, um auch dem ganz hinten stehenden Zuschauer erkennbar und verständlich zu sein.

Das große Welttheater
Schon Platon hatte den Menschen als Spielzeug der Götter und das Leben als Puppenspiel der Götter verstanden. Das »Große Welttheater« des spanischen Dramatikers Pedro Calderón de la Barca (1600–81) sieht die Welt als Theater, in dem jeder seine Rolle zu spielen hat, die ihm das Schicksal zuweist, ob König oder Bettler, und jeder nach der Qualität seiner Darstellung von Gott als dem obersten Zuschauer seinen Applaus und gerechten Lohn empfängt, wenn er von der Bühne des Lebens abtreten muss. »Tue recht – Gott ist über dir« ist Calderóns Motto. Das Theater durchdrang in dieser Hinsicht viele Lebensbereiche. Man sprach nicht nur vom Welttheater (theatrum mundi), sondern auch vom theatrum politicum, vom theatrum historicum, vom theatrum ceremoniale.

Mit dem Hochaltar von Rohr eröffnete Egid Quirin 1723 das ›Theatrum Sacrum‹ in Bayern in vorher nie gesehener Weise. Er hatte 1717 als Architekt auch den Bauplan für den Kirchenbau geliefert. Gleich sein erstes selbstständiges Großunternehmen wurde sein Hauptwerk. Ist das von einem Bildhauer zu erwarten, der gerade ein Jahr ausgelernt hatte? Man muss bei dieser ›Inszenierung‹ mit ihrer ausgefeilten ›Lichtregie‹ und den ›Akteuren‹, die auf der ›Bühne‹ oder in einem ›Proszenium‹ eine bestimmte ›Rolle spielen‹, sich ›aufführen‹, wenn ›der Vorhang sich hebt‹, davon ausgehen, dass er mit dem Theater, seinen Spielregeln, seiner Technik und dem Bühnenbilden bestens vertraut war.

Zur Inszenierung des *theatrum sacrum* gehörten die malerischen Reihungen und Gruppen der Akteure. Der tiefe Illusionsraum der Kulissenbühne wie in Weltenburg und Rohr war eine Voraussetzung für eine Theaterkunst all'italiana, die die Mitglieder der Familie Galli-Bibiena in jener Zeit auch nach Deutschland vermittelten.

Wo immer Egid Quirin all das gelernt hatte – ob bei Theatermalern und Bühnenbildnern, ob im Münchner Hoftheater am Salvatorplatz, das 1657 der Venezianer Francesco Santurini für das Kurfürstenpaar Ferdinand Maria und Henriette Adelaide errichtet hatte, in einem der Klöster seiner Jugend oder in einem der über 60 Jesuitentheater, die es im deutschsprachigen Raum gab, in Innsbruck, München, Augsburg, Amberg, in Ingolstadt, Regensburg und Straubing, in Passau, Landshut und in vielen anderen Städten –, so bleibt doch die anfangs gestellte Frage: Kann er das alles gekannt und gewusst haben, ohne jemals in Italien gewesen zu sein, ohne jemals die großen Architekturen und Inszenierungen des barocken Roms gesehen und studiert zu haben?

Egid Quirin konnte seine Reise nach Italien jederzeit nachholen, entweder gleich nach seiner Lehrzeit oder in der Vorbereitung auf Weltenburg und Rohr. Dass er nicht in Italien, in Venedig und Rom gewesen ist, erscheint nach alldem undenkbar.

5 Der Familienbande anderer Teil: Schwester und Schwager

MARIA SALOME, GEB. ASAM, VERWITWETE BORNSCHLEGEL, VERHEIRATETE SCHMIDT

Beide Eltern gaben ihre Kenntnisse an die drei künstlerisch begabten Kinder Maria Salome, Cosmas Damian und Egid Quirin weiter. Von der 1685 geborenen Maria Salome erfahren wir erstmals 1709, als die 24-jährige mit ihrer Mutter im Tilly'schen Harenzhofen arbeitete. Ihre Mutter erbat für sie ein Trinkgeld. Für ihre Mithilfe bei der Aufsetzung der Altäre und der Kanzel und diverser Ausbesserungsarbeiten wurde ihr lediglich die »Zöhrung« im Wirtshaus zugestanden: »Obiger Bildthaur *(sein Name ist unbekannt)* und die Maller Tochter zu Braittenprun haben bei Aufsezung der gefassten 3 Altär und Cannzl im Würthshaus Lengenfeldt verzöhrt so Hannsen Yberl Würth daselbst bezalt worden ... 2 fl. 46 kr. 2 Pf.«

Wenngleich seit 1702 nur ihre Brüder Cosmas Damian und Egid Quirin als Helfer oder Mitarbeiter Erwähnung fanden, heißt das nicht, dass sie nicht auch längst schon ihren Eltern bei gewissen Arbeiten zur Hand ging, denn sie erhielt ihre Ausbildung in der Fass-, Öl- und Freskomalerei ebenso wie im Vergolderhandwerk. Die Brüder wurden ihr später unentbehrliche Wegbereiter und Türöffner.

Auf dem Hochaltar-Bild in der ehemaligen Klosterkirche in Michelfeld tritt uns die 35-jährige zusammen mit ihren Brüdern entgegen (siehe S. 87–90), in deren Werkstattverband sie seit spätestens 1720 eingebunden war. Daher wird sie an etlichen Unternehmen der beiden hauptsächlich als Fassmalerin, Vergolderin und vielleicht auch als Freskantin mitgearbeitet haben, ohne dass dabei ihr Name genannt wurde, wie dies auch bei Gehilfen, Lehrlingen und Gesellen selten geschah. Anfang der 1720er-Jahre soll Maria Salome in der Zisterzienserinnenklosterkirche in Pielenhofen, im Naabtal norwestlich von Regensburg, als Fassmalerin und Vergolderin tätig gewesen sein. Hier können alte Beziehungen eine Rolle gespielt haben, denn die Stuckierung führte 1720/21 die Werkstatt Pietro Francesco Appianis aus, des alten Mitarbeiters ihres Vaters Georg. Es ist nicht von der Hand zu weisen, dass sie fallweise für Appiani tätig wurde.

Erst mit 36 Jahren heiratete sie 1721 in der Münchner Frauenkirche den 14 Jahre jüngeren »angehenden Handelsmann« und Wirtssohn Johann Philipp Bornschlegel (1699–1734) aus Würzburg. Nicht nur, dass die Ehe für eine Asamin kein Grund war, ihren Beruf aufzugeben, sondern sie scheint vielmehr ihren Mann, der offenbar selbst künstlerische Ambitionen hegte, auf den Beruf des Malers gebracht und ihn selbst zum Schüler gehabt zu haben. In dieser Familie muss man mit so etwas rechnen! Auch scheint er bei Egid Quirin in die Bildhauerlehre gegangen zu sein, wie seine Empfehlung nach Scheles (Želes) nahelegt (siehe unten). Der Grund, die Ehe mit einem sehr viel jüngeren und künstlerisch talentierten Mann einzugehen, lag nicht zuletzt darin, dass eine alleinstehende Frau ›gesellschaftlich‹ nicht existierte und mit Mitte 30 ohnehin auf dem Heiratsmarkt kaum noch Chancen hatte. Zum anderen gewährte ihr die Ehe eine gewisse finanzielle Absicherung und weniger Abhängigkeit von ihren Brüdern, mit denen sie jedoch eine tiefe Zuneigung verband, wie aus ihren wenigen bekannten Briefen deutlich wird. Ihre Ehe blieb kinderlos.

Vom 24. September 1723 bis zum 12. Juni 1724 arbeitete sie in der Klosterkirche Weltenburg, wo sie Säulenkapitele, Lisenen, die Verzierungen an den Oratorien und die Gemälderahmen zu vergolden hatte. Die »Fassmahlerin zu München … geweste Asamin uxor Joannis Philippi Bornschlegel pictoris (lat.: *Ehefrau des Malers Johann Philipp Bornschlegel*)« erhielt bei freier Verpflegung dafür ein Honorar von 1 fl. pro Werktag, was sich auf 191 fl. summierte. Das Gold und die übrigen Materialien musste sie nicht selbst kaufen, sondern bekam sie vom Auftraggeber gestellt. Johann Philipp Bornschlegel war da bereits als Maler tätig, wie aus diesem Eintrag in der Klosterbaurechnung hervorgeht. Die Vermutung, dass die Bornschlegels auch an anderen Asam'schen Großprojekten wie der Klosterkirche Rohr, der Pfarrkirche in Innsbruck oder im Freisinger Dom mitwirkten, hat viel für sich. Zu der Zeit, als Cosmas Damian seine langjährige Tätigkeit in Böhmen begann – die 1725 ihren Anfang mit der Ausstattung der Benediktinerklosterkirche in Kladrau nahm und mit Sankt Niklas in der Altstadt zu Prag 1736 ihr Ende fand –, waren auch die Bornschlegels dort tätig. Johann Philipp arbeitete in Kladrau mit. 1730 malte er im Auftrag der Gräfin Maria Gabriela Lažanská im westböhmischen Schloss Manětín einen Saal aus; dafür wurden »dem H. Philipp Bornschläg, Staffierern aus München vor die … verfertigte Staffier Arbeit, Fresco Malerei und was Selbster … noch mehr gemacht« für zwölf Wochen Arbeit immerhin 1164 fl. 45 kr. bezahlt. 1732 war er dort in der Friedhofskirche St. Barbara als ›Staffierer‹ von zwei Schnitzfiguren tätig, wofür er 100 fl. erhielt (ein Staffiermaler konnte sowohl ein Anstreicher als auch ein Fassmaler sein). 1730 wurde er aufgrund seiner Tätigkeit in Kladrau für die Ausführung des Hauptaltars und der Orgel samt aller Tischler-, Schnitzer- und Malerarbeiten dem Grafen Franz Josef Černín für die 1730 bis 1731 neu erbaute Kirche in Scheles empfohlen. Aus einem Brief Maria Salomes geht hervor, dass sie mit ihrem Mann 1734 in »Schlosien« war, wo Cosmas Damian die Benediktinerstiftskirche zu Wahlstatt ausmalte. Am 5. Dezember dieses Jahres starb Johann Philipp Bornschlegel mit nur 35 Jahren in Würzburg und wurde als »mercador und pictor«, als Kaufmann und Maler, beerdigt.

Es gibt zwar keine konkreten Hinweise darauf, dass die Bornschlegels um 1730 gemeinsam in Böhmen waren, doch gilt es als sicher, dass Johann Philipp die Ausmalung des Saals in Manětín nur mit Hilfe seiner Frau bewältigen konnte. Zwei Jahre nach seinem Tod hielt sich Maria Salome, die sich nun wieder Asam nannte, im Sommer 1736 in dem zur Herrschaft der Grafen Lažanský gehörigen Strädisch auf, als ihre Brüder in Sankt Niklas in der Altstadt zu Prag tätig waren. Da es ihr finanziell nicht gut ging, schickte sie am 19. August einen Brief an ihren »herzallerliebsten Herr[n] Brutter« Cosmas Damian, in dem sie betonte, dass sie »eine herzliche Freudt gehabt, wie mir der Herr Brutter den Egidi geschikht hat, damit mir 3 die

Arbeith desto ehnter (*eher*) in Stand bringen ...« Sie hatte einen Lehrling ausgebildet, mit dem sie jetzt als Geselle große Schwierigkeiten bekam. Sie beschwerte sich, dass er sie bei der Gräfin Maria Gabriela »verschwetzt« und dieser »vorgemacht« hätte, sie wäre »zum Herrn Brutter gereist, ich blibe 5 Wochen aus«. Sie klagte, »daß ich so vüll leüden muss von dem lugenhaften Menschen als gewesten Lerjungen, dem ich fünf Jar lang in der Cost und Khleidung und ohne 1 kr. Lehrngelt, und ietz weder von seinen Freunden, noch Eltern, nichts als Verdruss ausstehen muss, das ist die Belohnung von dieser Welt.«

Sie bat ihren Bruder, der Gräfin zu schreiben, dass dieser Geselle – er hieß wohl Hans Gross – dem Egidi helfen solle, damit man in vier Wochen fertig würde. Da die Arbeit zeitweise nur schleppend voranging, erhielt Maria Salome auch keinen Lohn, sodass sie ihren Bruder schweren Herzens um finanzielle Unterstützung bitten musste: »Und das kann mir in Herzen wehtain, daß ich von drükhen (*trocken*) Brott leben, weliches ganz schwart, iezt khan mir nit andters helfen, so falle ich den Herrn Brutter zu Füssen und bitt umb Gottes willen, nur seine einzige Schwöster nit zu verlassen, mit 10 oder 15 fl an die Handt zu gehen, ich versichere den Herrn Brutter noch vor Martini anstadt 15 fl 20 darvor zu ersezen.« Nur sollte unter keinen Umständen die Herrschaft von alldem erfahren. Sie war sich scheinbar nicht sicher, das erbetene Geld zu bekommen: »wann mein liebster Herr Brutter khein Gelt will schikhen, so wolle der Herr Brutter nur an Herrn Burggraffen nur mit bar Zeillen berichten, daß sie sich wegen dessen nicht zu bekhimern hetten.« Sie verließ sich also auf das Ansehen ihres Bruders und wagte selbst nicht, sich an die Auftraggeber zu wenden, um ja nicht ›in Ruch‹ zu kommen. Natürlich schickte Cosmas das Geld.

In einem Brief vom 7. September bat sie nochmals darum, dass »der Herr Brutter mir iezt mit etwas khundte an die handt gehen«, aber »whan die Arbeith förthig, ich will es den Herrn Brutter 4fach ersezen.« Sie hatte eigentlich vorgehabt, nach Prag zu kommen, doch ließ man sie in Strädisch nicht weg. Sie hoffte in zwei Wochen fertig zu sein, und dann »werthe ich mich auf die Reiss machen nach Minchen.« Ihren Bruder erinnerte sie daran, dass ihn die Gräfin in ihrem Stammsitz in Manětín erwartete.

Es ging nicht immer nur um die hehre Kunst. Aus einem anderen Brief, den sie am 5. Juli 1737 an Cosmas Damian nach Mannheim schickte, geht hervor, dass es Schwierigkeiten mit dem Testament ihrer verstorbenen Schwägerin in Würzburg gab. Diese hatte sie dringend um einen Besuch gebeten, sodass Maria Salome »habe miessen alle Arbeit verlassen undt grossen Schaden leuden miessen.« Nun wollte man ihr die Hinterlassenschaft der Schwägerin vorenthalten– es handelte sich in erste Linie um Kleider und Bettzeug. Ihr »liebwehrtister Herr Brutter« Cosmas Damian hatte sich bereit erklärt, sich in dieser Angelegenheit »nacher Würzburg [zu] begeben, um aldorten einige Nachfrag zu thain«. Er sollte »in der Stille sich … bei dem Landgericht insinuiren *(erkundigen)*, wo das Testament meiner gottseelig Frauen Schwegerin seye, und soliches zu lessen bekhommben.« Für alles das würde sie »fleussig betten.«

In Böhmen lernte Maria Salome ihren zweiten Mann kennen, den aus Mies stammenden Fassmaler und Vergolder Adam Thomas Schmidt, den die 54-jährige am 3. Februar 1739 in der Münchner Peterskirche heiratete. Drei Monate später starb ihr »herzallerliebster« Bruder Cosmas Damian, den sie nur um ein Jahr überleben sollte. Mit 55 Jahren wurde sie am 24. Juni 1740 in der Gruft unter der Johann-Nepomuk-Kirche beigesetzt, an deren Ausstattung sie sicherlich seit ihrer Rückkehr nach München mitgearbeitet hatte. Wie schon Johann Philipp Bornschlegel wurde auch Adam Thomas Schmidt kurzerhand in den nun sehr geschrumpften Familienbetrieb integriert und erhielt von seinem Schwager Egid Quirin im Haus in der Sendlinger Straße testamentarisch Wohnrecht auf Lebenszeit; dort starb er 1746.

FRANZ JOSEPH MÖRL, ALTER FREUND UND KUPFERSTECHER

Durch seine Heirat mit Maria Anna Mörl (1717) wurde Cosmas Damian der Schwager des Kupferstechers Franz Joseph Mörl (1697–1737). Etliche der Kupferstiche und Radierungen der

Brüder Asam wurden von ihrem Schwager gestochen. Solche Blätter benutzte man als ›Prospecte‹ zur Werbung, wie der große, von »F. I. Mörl Calcographus« gestochene Kupferstich zeigt, den Cosmas Damian 1724 anlässlich des Abschlusses der Renovierung des Freisinger Doms herausgab, der neben einer prachtvollen Innenansicht des Doms einen erläuternden (lateinischen) Text zur Umgestaltung enthält.

Betrübt muss Egid Quirin am 22. April 1737 seinem Bruder nach Mannheim berichten, dass der Schwager Franz Joseph Mörl im Sterben liege und er an seinem Krankenbett die Nacht zuvor gewacht habe: »sie sindt alle gar draurig, weillen sie Mithseher seint, wan in *(ihm)* die Sell auffahrt, bin erst disse Nacht drowen geblewen *(droben geblieben)*.« Zwei Tage später war Franz Joseph Mörl tot.

Michael Wening und Franz Joseph Mörl

Dass Franz Joseph Mörl ausgerechnet den Beruf des Kupferstechers ergriff, ist wohl damit zu erklären, dass sein Großonkel der berühmte Vedutenzeichner und Hofkupferstecher Michael Wening (1645–1718) war, der 1671 eine Maria Anna Mörl geheiratet hatte. Wening ist der Urheber und Autor der »Landesbeschreibung« Bayerns, eines umfangreichen Kupferstichwerkes, das alle wichtigen Orte des Kurfürstentums in kurzen Beschreibungen und 846 Kupferstichen vorstellt und eine einzigartige Quelle der bayerischen Landes- und Kunstgeschichte bildet. 1701 erschien der erste Band über das Rentamt München. Die nachfolgenden Bände gaben seine Erben erst nach seinem Tod heraus: Rentamt Burghausen 1721, Rentamt Landshut 1723 und Rentamt Straubing 1726. Wir wissen jedoch nicht, ob auch Franz Joseph Mörl daran beteiligt war.

6 ›Vitamin B‹: Die Asams und ihre Auftraggeber

DIE HAUSKÜNSTLER DER BENEDIKTINER

Cosmas Damian und Egid Quirin Asam waren in erster Linie für den Benediktinerorden tätig, von dem sie rund 15 ihrer größten Aufträge erhielten. Die Beziehungen zum Orden reichten in die Zeit zurück, in der ihr Vater Georg in Benediktbeuern und Tegernsee tätig gewesen war. Die daraus erwachsenen Verbindungen setzten sich noch bis in die 1720er-Jahre fort.

Die Äbte hatten durch die Bayerische Benediktinerkongregation untereinander häufigen Kontakt. Gerade in dieser Blütezeit des spätbarocken Klosterbaus mussten alle Künstler auf ihren guten Ruf achten, wollten sie weiter empfohlen werden. Wie besorgt auch Cosmas Damian Asam um seine Reputation war, wird in dem in Kapitel 7 geschilderten Streit mit Kardinal Schönborn in Bruchsal deutlich, der drohte, einen Schmähbrief an den kurfürstlichen Hof in München zu schreiben.

Schon der erste große Auftrag, den Cosmas Damian mit der Ausmalung der Benediktinerklosterkirche im Oberpfälzer Ensdorf bei Amberg erhielt, war die Frucht älterer Verbindungen, denn der Bauherr, Abt Bonaventura Oberhuber, kam aus Tegernsee und war dort mit Georg Asam bekannt geworden.

Auch ein zweites großes Projekt, bei dem Cosmas Damian, Egid Quirin und Maria Salome 1720 bis 1721 zusammenarbeiteten, ergab sich aus einem ähnlichen Hintergrund. Der Auftrag zur Ausstattung der 1689 bis 1695 neu errichteten Klosterkirche St. Johann Baptist im westoberpfälzischen Michelfeld kam von Abt Wolfgang Ringswerger (1707–21), einem früheren Tegernseer Profess, der natürlich Abt Bonaventura von Ensdorf gut kannte.

Abt Maurus Bächl von Weltenburg, der die Asams für den Neubau und die Ausstattung der Klosterkirche verpflichtete, war vor seiner Ernennung 1713 nicht nur Kongregationssekretär, sondern auch Prior von Ensdorf gewesen. Das erste Projekt, für das Maurus Bächl den jungen Cosmas Damian 1714 direkt von Ensdorf weg engagierte, war die Bemalung der Decke in der im Jahr zuvor nach ihrem Einsturz neu errichteten Wallfahrtskirche Unsere Liebe Frau oberhalb des Klosters auf dem Frauenberg. Der Neubau der Klosterkirche wurde 1718 vom Freisinger Fürstbischof Johann Franz von Eckher von Kapfing und Liechteneck (reg. 1695–1727) geweiht, der Georg Asam in Benediktbeuern kennengelernt hatte. Es war das Heimatkloster von Eckhers Historiograph P. Karl Meichelbeck, der bei der Renovierung des Freisinger Doms eine wichtige Rolle spielen sollte. Georg Asam malte in Freising 1709 die Aula des fürstbischöflichen Gymnasiums und 1710 die Maximilianskapelle, die Grabkapelle des Fürstbischofs, aus. Die Brüder Asam waren dem kunstsinnigen Fürstbischof persönlich bekannt, denn er hatte 1720 die Korbinianskapelle in der benachbarten Benediktinerabtei Weihenstephan geweiht, die sie 1719 für Abt Ildephons Huber (reg. 1705–49) entworfen und ausgestattet hatten.

1720 besuchte P. Karl Meichelbeck Weltenburg und berichtete über dieses Wunderwerk begeistert nach Freising. Cosmas Damian hatte er schon 1713 in Rom kennengelernt. 1723 rief Fürstbischof Eckher die Äbte von Weltenburg, Ensdorf und Michelfeld zu einer Beratung über die Renovierung des Freisingers Doms zu sich, die alle die Asams bestens kannten. Und so erhielten die Brüder diesen höchst ehren- und anspruchsvollen Auftrag (1723–24).

Auch für die Arbeiten in den Benediktinerklöstern Walderbach und Aldersbach könnten bestimmte persönliche Konstellationen ein Rolle gespielt haben: Für Abt Malachias Lechner (oder Lehner, reg. 1705–21) malte Cosmas Damian 1718 einen Raum im Kloster Walderbach aus. Lechner war Konventuale in Aldersbach gewesen, von wo aus Walderbach 1669 neu besiedelt worden war. Er kannte daher den Aldersbacher Abt Theobald I. Gradl (reg. 1705–34) gut, der die Brüder 1720/21 mit der Neuausstattung der Klosterkirche beauftragte.

Doch wie kam der erst 24-jährige Egid Quirin zu einem seiner größten und bedeutendsten Aufträge, den Neubau und die Ausstattung der Kirche des Augustinerchorherrenstifts im niederbayerischen Rohr?

Als er 1717 die Pläne lieferte, hatte er (mit seinem Bruder) schon den Neubau der Klosterkirche Weltenburg in Angriff genommen, die nur wenig mehr als 20 Kilometer von Rohr entfernt steht. Propst Patritius II. von Heydon (reg. 1682–1730) wird sich bei seinem Nachbarn Maurus Bächl nach der Qualifikation des jungen Meisters erkundigt haben, der damals schon eine Probe seines großen Könnens geliefert haben musste, wofür eigentlich nur Ensdorf, Amberg oder Michelfeld in Frage kommen.

Wir wissen nicht, wer dem Abt Maurus Fintzgut im böhmischen Kladrau für die Ausmalung der umgestalteten mittelalterlichen Benediktinerkirche ausgerechnet Cosmas Damian empfahl, doch wird es einer seiner bayerischen Amtsbrüder gewesen sein. Mit der Arbeit des Malers (1725–27) war der Abt Maurus jedenfalls so zufrieden, dass er ihn wärmstens dem Superior P. Raphael Berger des bei Prag gelegenen Klosters Břevnov und somit dessen Abt Othmar Zinke empfahl: »Der Herr Asam verrichtet seine Arbeit bei mir auf das gefälligste ...«

Othmar Zinke (reg. 1700–38) betraute daraufhin die Brüder Asam mit der Auszierung seines Prälatensaals in Břevnov (1726–28). Auf diesem Wege kam Cosmas Damian auch an zwei weitere Aufträge: Zinke übertrug ihm 1727/28 die Ausmalung der Wallfahrtskirche auf dem Weißen Berg (Bílá Hora) bei Prag, was für einen katholischen Altbayern besonders ehrenvoll war, weil dort der bayerische Herzog Maximilian 1620 die böhmischen Protestanten unter dem ›Winterkönig‹ Friedrich V. besiegt hatte. Darauf hatte er die Oberpfalz in Besitz genommen und drei Jahre später für diesen Sieg für Bayern die Kurwürde errungen.

Der zweite Auftrag führte unseren Maler weiter weg, nämlich ins Benediktinerkloster Wahlstatt (Legnickie Pole) in Schlesien, das Abt Othmar, der auch Präses der böhmischen Benediktinerprovinz war, 1703 wiedergegründet hatte. Die Kirche wurde 1727 bis 1731 von Kilian Ignaz Dientzenhofer erbaut. Cosmas Damian hatte sich 1727 vergeblich um einen Auftrag für Altarbilder in Wahlstatt beworben; stattdessen erhielt er 1733 den Auftrag zur Ausmalung der Kirche, zu der er auch seine Schwester Maria Salome und ihren Mann Johann Philipp Bornschlegel heranzog (siehe S. 63–67). Und für die Ausmalung der Benediktinerkirche Sankt Niklas in der Altstadt am Altstädter Ring zu Prag (1735/36) wird es auch Othmar Zinke gewesen sein, der dem Abt Anselm Vlach Cosmas Damian ans Herz legte.

Um andere Projekte mussten sich die Asams bewerben, so für die Ausstattung der Klosterkirche Weingarten bei Ravensburg in Oberschwaben, wo Egid Quirin jedoch relativ schnell aus dem Rennen war und nur sein Bruder zum Zuge kam. Ähnliches galt für den Neubau der Klosterkirche Fürstenfeld, wofür ihr Kostenangebot von 100 000 fl. 1716 zwar um einiges zu hoch war, doch kamen sie später bei der Ausstattung zum Zuge, die sie einige Zeit beschäftigte. Der Abt von Fürstenfeld, Liebhard Kellerer (1714–34), war der Familie freundschaftlich verbunden, nicht zuletzt durch den hier lebenden P. Engelbert Asam. Er erklärte sich 1730 auch bereit, die Weihe der neuen Kapelle im Schlössl zu Thalkirchen zu zelebrieren.

Im Falle der Prämonstratenserkirche St. Margaretha in Osterhofen (1731–32) war es wohl der Baumeister Johann Michael Fischer, der Abt Paulus Wieninger (reg. 1727–64) die Brüder empfahl. Ähnlich wird es sich auch bei der von Fischer erbauten Kirche des Münchner Hieronymitanerklosters St. Anna im Lehel verhalten haben, die Cosmas Damian 1729/30 ausmalte. Zwischen Johann Michael Fischer und den Asams könnte zeitweise ein Verhältnis bestanden haben wie zwischen Giovanni Antonio Viscardi und Georg Asam; er wird ja auch als Baumeister von St. Johann Nepomuk in München vermutet (siehe S. 127).

Es geschah zumindest einmal, dass Cosmas Damian aufgrund seiner Verpflichtungen gezwungen war, von einem Vertrag zurückzutreten: 1720 hatte er sich um die Ausmalung der neu erbauten Benediktinerklosterkirche Hl. Kreuz in Donauwörth beworben und den Auftrag, »weillen H. Asam ein so berimbter Maister ist«, auch erhalten. Da er aber genau zu dieser Zeit für den bayerischen Kurfürsten in Schloss Schleißheim arbeitete, terminierte er den Arbeitsbeginn auf das kommende Jahr. Doch Abt Amandus Röls wollte sich nicht vertrösten lassen, und so musste Asam zugunsten des Konstanzer Malers

Jacob Carl Stauder wohl oder übel vom Vertrag zurücktreten, was umso ärgerlicher war, als sich wenige Wochen später herausstellte, dass er doch noch in jenem Jahr mit den Arbeiten in Donauwörth hätte beginnen können.

WELTLICHE BEZIEHUNGEN

Welche grundlegende Bedeutung ein gutes Verhältnis zu adligen Auftraggebern hatte, wussten die Brüder Asam, seitdem sie ihre ersten Schritte als Künstler in der Werkstatt ihres Vaters Georg unternahmen.

Ferdinand Lorenz Franz Xaver t'Serclaes, Graf von Tilly und Breitenegg (1666–1724), hatte 1696 bis 1700 sein Oberpfälzer Schloss Helfenberg neu erbauen lassen. Dort führte Georg Asam unter Mithilfe seines Sohnes Cosmas Damian von 1700 bis 1702 die Ausmalung aus, die als sein profanes Hauptwerk gilt, aber wie viele seiner Schöpfungen zerstört wurde. Tilly war mit seiner Leistung offensichtlich so zufrieden, dass Georg Asam eine Zeitlang zum ›Hofmaler‹ avancierte und eine Reihe von Folgeaufträgen in Kirchen des Herrschaftsgebiets von Helfenberg erhielt: in St. Colomann, Deusmauer, Kleinalfalterbach, Lengenfeld und Harenzhofen; schließlich wurde er mit der Ausmalung der Wallfahrtskirche in Freystadt beauftragt, die Graf Tilly gestiftet hatte.

Auf welchem Weg Georg Asam (in der Werkgemeinschaft mit Giovanni Antonio Viscardi) an Reichsgraf Johann Georg II. von Königsfeld auf Schönach und Alteglofsheim kam, lässt sich leicht erklären. Tilly und der 13 Jahre jüngere Königsfeld waren verschwägert: Königsfelds Schwiegervater, Johann Anton I. von Montfort (1635–88), Generalfeldmarschallleutnant und Statthalter in Ingolstadt, war seit 1692 in zweiter Ehe mit Tillys Mutter Maria Katharina t'Serclaes Gräfin Tilly verheiratet.

So kamen die Asams zweifelsohne auf Empfehlung Tillys nach Schönach, wo sie 1703 bis 1705 das Schloss auszumalen hatten, nach Alteglofsheim und schließlich 1707 auch in die Wallfahrtskirche Frauenbrünnl bei Straubing (siehe S. 60), bei deren Neubau Königsfeld als benachbarter Hofmarksherr möglicherweise als Förderer auftrat.

Mit dieser Beziehung lässt sich auch erklären, wie Georg Asam 1704 den Auftrag zur Ausmalung der Stadtpfarrkirche in Cham in der Oberpfalz erhielt: Johann Georg von Königsfelds Bruder Johann Christian Adam (1681–1766) war Domkapitular, später Domdechant und Dompropst in Regensburg. Die Pfarrkirche in Cham unterstand direkt dem Regensburger Domkapitel, das hier bis zur Säkularisation das Präsentationsrecht ausübte und sich am Neubau finanziell beteiligte.

Auch Cosmas Damian profitierte noch Jahre später von dieser alten Verbindung, als ihn Graf Tilly mit der Ausmalung der Pfarrkirchen in Günching bei Velburg 1716 (die Fresken wurden 1901 übermalt, nur das Altarblatt ist erhalten) und nach neuesten Erkenntnissen um 1719 bis 1721 in Hohenfels beauftragte und er schließlich mit seinem Bruder 1729 bis 1731 für Königsfeld das Salet in Alteglofsheim ausstattete.

Franziska Sibylla Augusta von Sachsen-Lauenburg (1675–1733), die Markgräfin von Baden-Baden, Erbauerin der Schlösser in Ettlingen und Favorite in Rastatt und der Schlosskapelle in Rastatt, war in Böhmen, auf Schloss Schlackenwerth (Ostrov) bei Karlsbad und dem Lobkowitz'schen Schloss in Reichstadt (Zákupy) aufgewachsen. Ihr Onkel war Herzog Theodor Eustachius von Pfalz-Sulzbach (1659–1732), für den Georg Asam am Ende seines Lebens arbeitete. Sie heiratete in Raudnitz an der Elbe (Roudnice nad Labem) 1690 Markgraf Ludwig Wilhelm von Baden-Baden, genannt Türkenlouis, mit dem sie 1705 nach Rastatt zog. Nachdem sie die Herrschaft 1727 an ihren Sohn übergeben hatte, ließ sie sich in ihrem Altersruhesitz auf Schloss Ettlingen 1729 bis 1733 eine Kapelle errichten, als deren Patron sie – eingedenk ihrer Herkunft – den 1729 heiliggesprochenen Johannes Nepomuk wählte. Die Kunst der Asams war ihr bestens vertraut – vielleicht auch die Künstler selbst –, hatte sie doch acht Wallfahrten nach Kloster Einsiedeln unternommen, dessen Kirche die Brüder 1724 bis 1727 ausstatteten. So lag es nahe, Cosmas Damian für die Ausmalung der Schlosskapelle heranzuziehen, die er vier Tage vor ihrem Tode vollenden konnte.

Die Weihe der Kapelle vollzog Kardinal Damian Hugo von Schönborn. Für die Ausmalung dessen eigener Schlosskapelle in Bruchsal hatte Sibylla Augusta ihren Maler Cosmas Damian Asam wärmstens empfohlen. Der Trientiner Maler Antonio Gresta war 1727 über dem Werk gestorben und Cosmas Damian hatte die nicht einfache Aufgabe, es zu vollenden (1728–29). Darüber geriet er mit seinem Auftraggeber in einen überaus heftigen Streit, der in die Kunstgeschichte eingegangen ist und der im Kapitel 7 geschildert ist (siehe S. 100–102).

Es ist auch denkbar, dass Sibylla Augusta von Cosmas Damian aus der Schlosskirche in Mannheim wusste, in der er 1728 für Kurfürst Karl Philipp von der Pfalz arbeitete. Karl Philipps Tochter Elisabeth Auguste (1693–1728) war übrigens seit 1717 mit Joseph Karl Emanuel von Pfalz-Sulzbach (1694–1729) verheiratet, der wiederum ein Cousin Sibylla Augustas war. Der Streit Asams mit Schönborn scheint Karl Philipp nicht beeindruckt zu haben, denn er übertrug ihm zwei weitere Großaufträge im Mannheimer Schloss: den Rittersaal (1729) und das Haupttreppenhaus (1730); für seine Leistungen wurde Cosmas Damian 1732 zum kurpfälzischen Hofkammerrat ernannt.

Welchen Wert Cosmas Damian Asam den Adelskontakten zumaß, wird aus seinem Alteglofsheimer Fresko erkennbar (siehe S. 17), und wie gut dieser Mechanismus funktionierte, zeigt auch die ›Kontaktbörse‹ auf dem Immerwährenden Reichstag zu Regensburg.

Cosmas Damian und Kurfürst Max Emanuel

Auch für Kurfürst Max Emanuel von Bayern (1662–1726) wurde Cosmas Damian tätig: In Schloss Schleißheim malte er 1721 das Treppenhaus und die Maximilianskapelle aus und 1724 die südliche Antecamera (dt. Vorzimmer). 1722 bemalte er eine Decke im kurfürstlichen Jagdschloss Lichtenberg bei Landsberg am Lech, das im 19. Jahrhundert abgebrochen wurde.

Während seiner zehnjährigen Amtszeit (1725–35) als kaiserlicher Prinzipalkommissar auf dem Reichstag hatte Fürst Frobenius Ferdinand von Fürstenberg-Meßkirch (1664–1741) die Gelegenheit, die Schöpfungen der Asams in und um Regensburg kennen zu lernen, in der Jesuiten- und der Augustinerkirche, besonders aber in der Klosterkirche St. Emmeram, die sie 1732 bis 1733 ausgestattet hatten, und in Schloss Alteglofsheim. Der Abt von St. Emmeram war zugleich Reichsfürst mit Sitz und Stimme auf dem Reichstag. Reichsgraf Johann Georg von Königsfeld, der Alteglofsheimer Auftraggeber, fungierte als kurbayerischer Gesandter und hatte regelmäßig die Reichstagsgesellschaft in seinem Schloss zu Gast; beide pflegten mit dem Prinzipalkommissar ständigen Kontakt. Wie die Markgräfin Sibylla Augusta war auch Frobenius mit Böhmen eng verbunden und hatte 1731 in Prag eine Reliquie des hl. Johannes Nepomuk erworben, für die er eine Kapelle in Meßkirch bauen ließ. So kam es, dass Frobenius die Asams schon 1732 für die Ausstattung seiner Johannes-Nepomuk-Kapelle in der Stadtpfarrkirche St. Martin im oberschwäbischen Meßkirch heranzog, die schließlich 1735 bis 1737 erfolgte. Egid Quirin wurde möglicherweise noch 1738/39 für die Stuckierung der Kapelle des Schlosses Meßkirch verpflichtet, deren Ausmalung Joseph Ignaz Wegscheider 1739 besorgte.

Eine weitere Reichstagsverbindung könnte für Egid Quirin um 1734 von Bedeutung gewesen sein, als es um die Stuckierung der neu erbauten Kapelle in Schloss Pirkensee (heute Stadt Maxhütte-Haidhof, Landkreis Schwandorf) ging, das seit 1731 der bereits erwähnten Familie von Francken gehörte, die zu Graf Königsfeld eine engere Beziehung hatte (siehe S. 17); der Stuck in der 1999 bei einer Brandstiftung stark beschädigten Kapelle könnte aufgrund stilistischer Erwägungen von der Hand Egid Quirins stammen.

DER VORTEIL DES FAMILIENCLANS

Hin und wieder halfen auch familiäre Verbindungen. Dies nutzte Cosmas Damian 1721 aus, um in Innsbruck für sich und seinen Bruder einen großen Auftrag zur Ausstattung der Stadtpfarrkirche St. Jakob zu erhalten (1722–23). Dazu veranlasste er sowohl seinen Schwiegervater Franz Anton Mörl von Mohrenstein (1671–1734), der als »Kais. Aktuar in Tyroll«, das heißt als Hofratskanzlist, agierte als auch seinen Schwager

Franz Christoph (1695–1727), der Priester in Freising war, entsprechende Empfehlungsschreiben nach Innsbruck zu schicken. Franz Anton Mörl betonte, dass sein »Herr Tochtermann« doch bitteschön »vor andern Malern zu der neuen Kirche in fresco zu malen, angesehen werden mechte.« Er nannte in diesem Brief eine Reihe von Referenzarbeiten des Herrn Tochtermann, »wie noch überall 1. zu Kloster Weingarten, 2. bei H. Grafen von Wolfsegg *(die Friedhofskapelle in Kißlegg)*, 3. Regenspurg, 4. Amberg, 5. Benedictiner Klöster achte, für 6. hiesige hl. Dreifaltigkeit, 7. Khäuffinger Gasse raptus Sabinarum *(damit ist die Bemalung des Claudi-Cleer-Hauses in München mit einem Bild des Raubes der Sabinerinnen gemeint)*, 8. Schleissheim, 9. Seefeld und 10. aller Orten den Maister loben«. Dabei versäumte er nicht, auch seine eigenen Verdienste zu betonen, denen der Schwiegersohn seine Leistung hinzusetzen wollte: »Der Eifer aber zu diser Kirchen ist darum vehement, daß er mit Hindansezung aller in procintu *(anstehenden)* angefrimten anderen Arbeit wegen meinen in Thyroll gemachten Meriten die seine auch mitels seines Pemsels *(Pinsels)* zu attribuiren suechet.« Seinen Brief schloss Mörl »in Erwartung einer unschwer beliebigen förderlichen Antwort« – womit er Recht behielt.

Zwölf Jahre später ging es in Innsbruck um die Ausmalung des Landhaussaales, erbaut 1725 bis 1728 von Georg Anton Gumpp für die Tiroler Landstände, in dem sich das Selbstbewusstsein Tirols im Kampf gegen den zunehmenden österreichischen Zentralismus spiegeln sollte. Hierüber verhandelte als Kunstsachverständiger der Prälat von Wilten, Martin Stickler, zuerst mit dem Kitzbühler Maler Simon Benedikt Faistenberger und dem Asam-Schüler Matthäus Günther; zuletzt erhielt Cosmas Damian den Auftrag – wir wissen nicht, ob hierbei nach so langer Zeit die frühere Ausmalung der Jakobskirche noch eine Rolle spielte.

Auch der in Kloster Fürstenfeld lebende P. Engelbert Asam setzte sich dafür ein, dass seine jüngeren Brüder an den Auftrag zur Ausstattung der Wallfahrtskirche in Friedberg bei Augsburg kamen, deren ›Patron‹ – es handelte sich um den

Friedberger Stadtpfarrer und Augsburger Domherrn Franz Dominikus Eckher, einen Neffen des früheren Fürstbischofs von Freising – ihm ein guter Bekannter war. Am 19. November 1736 meldete er seinen Erfolg an seine Familie nach München: »Habe schon lang und oft bey den Herrn Vicari und Pfarrern bey der Wallfart zu Unsern lieben Herren Ruch *(Herrgottsruhe)* zu Fridtberg, und mihr gar woll bekhandtisten Patron angehalten vor die Arbeit Mallerey und Stukador zu disen neuen Gottshaus durch die 2. H. Brüdern Asam verferttiget zu werden, und ist mein petitum *(Bitte)* – wie ich hoffe, das es sollte glükhlich, und nach der H. Brüdern contento *(Zufriedenheit)* sollte abgehen – auch erhöret worden.« Die dafür vereinbarten 1000 fl. könnten sich die »Herren Brüder« auf der Rückreise von Augsburg gleich in Fürstenfeld abholen. Cosmas Damian malte den Chor 1738 aus. Die Stuckierung der Friedberger Kirche wurde 1737 und 1742 bis 1745 von den Wessobrunner Stuckateuren Franz Xaver Feichtmayr d. J. und Johann Michael Feichtmayr d. J. ausgeführt, doch ist aufgrund dieser Nachricht zu überlegen, ob nicht die Stuckierung der Chrokuppel von Egid Quirin Asam stammt.

Die Rückseite der Gipsfigur Cosmas Damians von Egid Quirin. Klosterkirche Weltenburg

*»Ich habe von diesen Männern
viel Gutes gehört«*

7 Wie die Herren Künstler sich selbst sahen und wie sie gesehen wurden

Es ist sehr verlockend, besonders markante und individuelle Gesichter auf Gemälden für Portraits von bestimmten Persönlichkeiten oder für Selbstdarstellungen von Künstlern zu halten. Das gilt vor allen Dingen dann, wenn sie als Personen ihrer Zeit bei einem biblischen oder geschichtlichen Ereignis zugegen sind. Da es von den Asams einige gesicherte Portraits gibt, ist man umso eher geneigt, in ihren Werken nach weiteren Bildnissen zu suchen.

So glaubt man, zwei frühe Selbstportraits Cosmas Damian Asams in den 1714 datierten Malereien in der Klosterkirche Ensdorf und in seinem 1714 bis 1715 entstandenen Kuppelfresko der Dreifaltigkeitskirche in München zu erkennen. Auf letzterem stehen nahe der Figur des Apostels Petrus, des Patrons der ältesten Münchner Pfarrkirche, die beiden Namenspatrone des Malers, die heiligen Zwillingsbrüder und Ärzte Cosmas und Damian. Der linke soll Cosmas Damian darstellen. Das Altarblatt in der Klosterkirche Michelfeld gilt als ›Sammelportrait‹ mit Cosmas Damian, Egid Quirin und Maria Salome. Auf einem Fresko Cosmas Damians am Westeingang der Benediktinerklosterkirche in Einsiedeln will man Portraits der Brüder aus der Zeit um 1727 erkennen. Doch wie sicher sind solche Zuschreibungen? Wie sahen die Asams denn wirklich aus?

... UND NICHTS DAHINTER: DIE WELTENBURGER PORTRAITS

Auf sicherem Boden stehen wir im Fall des Doppelportraits an der Decke der Klosterkirche Weltenburg aus dem Jahre 1721 (siehe Titelbild). Es gehört zu den bekanntesten Selbstbildnissen der Asams, zumindest was Cosmas Damian betrifft. Die beiden porträtierten sich gegenseitig: Wer kennt nicht – und sei es aus der Bierwerbung – den fröhlich vom Rand der großen Hohlkehle in die Kirche hinunter lachenden Mann, der sich, den Zeichenstift in der Hand, dabei lässig auf den rechten Ellenbogen stützt? Links darüber erscheint auf dem Deckengemälde der Kopf eines Engels, der offensichtlich die Züge Egid Quirins trägt, der sich ebenfalls ganz lässig auf eine Wolke stützt. Etwas links davon kniet der Bauherr des Klosters, Abt Maurus Bächl, der den Plan des Klosters mit der Signatur »Cosmas Damian Asam Pictor et Architectus a[nno] 1721« präsentiert (siehe Abb. S. 95). Bei allem berechtigten Stolz des Künstlers ist die Inschrift doch versteckt und vom Kirchenschiff nicht zu sehen. Der Grund liegt wohl darin zu, dass Asam eben nicht der alleinige Architekt der Kirche war, sondern mit dem Franziskaner Fr. Philipp Blank eng zusammenarbeitete. So ist die Signatur eher als Berufsbezeichnung zu verstehen. Wer damals vom Abt auf den Umgang hinter der Hohlkehle hinaufgeführt wurde, bekam nicht nur die Inschrift zu sehen, sondern sah auch noch etwas anderes: Hinter der glanzvollen Fassade des 36 Jahre alten Maler-Architekten steckt nichts außer grob geglätteter Gipsmasse. Deutlicher kann die im wahrsten Sinne vordergründige Dekorationskunst des Barocks kaum vorgeführt werden (siehe Abb. S. 78).

Die Baumeisterfigur im Kirchenraum

hat eine lange, ins Mittelalter zurückreichende Tradition. Bemerkenswert ist, dass die Halbfigur Asams nahezu wörtlich mit dem Bildnis des Werkmeisters und Bildhauers Konrad Syfer von 1495 über der Sonnenuhr im südlichen Seitenschiff des Straßburger Münsters übereinstimmt, von der Drehung des Kopfes und der Schultern über das Abknicken des Ellenbogens, den Stift in der Hand bis zum Aufstützen des ausgestreckten Arms. Im Straßburger Münster gibt es auch die erste vollplastische Werkmeister-Büste auf einer Brüstung, die des Hans Hammer von Werde. Warum sollte Egid Quirin nicht einmal Straßburg besucht haben?

Diese beiden Herren gelten als Cosmas Damian und Egid Quirin Asam. Ausschnitt aus dem Wandfresko über dem westlichen Hauptportal der Klosterkirche Einsiedeln, Cosmas Damian Asam, 1720

Egid Quirin hat seinen Bruder in einer großbürgerlichen, geradezu höfischen Attitüde dargestellt: mit Allongeperücke, dem Rock, der offen getragen wird und nicht mehr wie zu Zeiten König Ludwigs XIV. als knielanger und eng geschlossener Justaucorps. Modisch sind auch das ›Jabot‹ genannte gefältelte Halstuch und die unter den weiten Umschlägen des Rockärmels hervortretenden Manschetten aus gekräuselter Spitze, die als besonderer Luxusartikel galten.

Warum Cosmas Damian seinen 29-jährigen Bruder ausgerechnet als Engel, als quasi geschlechtsloses Wesen, darstellte, wissen wir nicht. Seine überragenden Fähigkeiten als Stuckator und Architekt bewies Egid Quirin zu dieser Zeit nicht nur in Weltenburg, sondern auch in Rohr, sodass er keinen Grund hatte, im Können und im Ruhm hinter dem Bruder zurückzustehen.

Cosmas Damian Asam, Portrait seines Bruders Egid Quirin in der Klosterkirche Weltenburg, 1721. Es ist ein verblüffender Effekt, dass der Winkel von der Hohlkehle zur Wand von fast 90 Grad in der Körpermitte Egid Quirins bei der frontalen Betrachtung nicht auffällt

DER MALER UND SEINE BRÜDER

Als Leihgabe der Priesterhausstiftung St. Johann Nepomuk in München bewahrt das Diözesanmuseum Freising die beiden bekanntesten Darstellungen der Asams, die in keiner Biografie fehlen dürfen. Das ältere Leinwandbild mit drei Personen stammt von Cosmas Damian Asam und wird etwa zu Beginn der 1720er-Jahre entstanden sein, zur gleichen Zeit also wie die Weltenburger Halbfigur.

Auf dem Bild treten Gesichter und unbedeckte Gliedmaßen schlaglichtartig aus dem Dunkel des Kolorits hervor; deutlich zeigt sich des Malers römische Schulung an der Hell-Dunkel-Malerei eines Caravaggio – oder eines Rembrandt! Hauptperson und Mittelpunkt ist Cosmas Damian selbst, der sich mit ernstem Blick und großen dunklen Augen dem Betrachter zuwendet, die Stirn konzentriert gerunzelt und mit der ausgestreckten Rechten die Zeichenfeder auf einen Papierstapel senkend. Eine Turban-ähnliche Kopfbedeckung mit aufgesetzter Feder hat den Platz der Weltenburger Allongeperücke eingenommen und ein weiter roter Mantel, der in dichter Masse den Körper verhüllt, ersetzt die höfische Mode aus Mantel, Manschetten und Jabot. Aus dem halbärmeligen Hemd und dem Mantel treten die Halspartie und der nackte Unterarm hervor. Mit der linken Hand hat er ein Bündel Pinsel gepackt und zeigt uns so seine Profession.

Wer sind die beiden anderen? Da beugt sich links hinter dem Maler ein jüngerer Mann mit hohen Geheimratsecken nach vorne, der ein Schnitzmesser in der Hand hält und auf die Zeichenfeder des anderen zu blicken scheint; an der Wand darüber hängt eine Maske. Wer anderes als Egid Quirin mit den Attributen des Bildhauers könnte gemeint sein?

In dem freundlichen Geistlichen auf der rechten Bildseite, der so wirkt, als wäre er eben hinzugetreten und würde den Betrachter interessiert mustern, sieht man den älteren Bruder Philipp Emanuel Asam (1683–1752), der unter dem Ordensnamen Pater Engelbert »Benedicto-Buranus« (aus Benediktbeuern) als hochbegabter Musiker im Zisterzienserkloster Fürstenfeld wirkte und seine beiden jüngeren Brüder überleben sollte.

Cosmas Damian Asam, Selbstbildnis mit seinen Brüdern Egid Quirin (links) und P. Engelbert (rechts), Anfang der 1720er-Jahre. Diözesanmuseum Freising

So exotisch gekleidet und mit Perlenohrgehängen wie auf diesem Gemälde wäre Cosmas Damian nie einem Auftraggeber gegenüber getreten. Es ist ein privates Portrait der Brüder, in dem er sich als künftigen Malerfürsten sah und das er daheim in Thalkirchen aufbewahrte, wo es sich in seinem Nachlass fand.

Hat man sich mit der Physiognomie des Malers vertraut gemacht, heißt es gleich von Liebgewonnenem Abschied zu nehmen: Auf dem Gemälde im nördlichen Querhausaltar, das Cosmas Damian für die Klosterkirche Rohr malte, galt bislang der Mann rechts oben am Bildrand als Selbstportrait – nur hat er eine ausgeprägte Adlernase und auch sonst keine Ähnlichkeit mit dem Maler oder seinem Bruder.

ZWEIMAL EGID QUIRIN

2005 machte mich der Münchner Gemäldesachverständige Ludwig Meyer auf ein von ihm als Portrait Egid Quirin Asams identifiziertes Bild aufmerksam, als dessen Schöpfer er zu Recht Cosmas Damian erkannte. Das Bildnis, das aus der ehemals Sächsischen Kunstsammlung Dresden stammt und sich seit 2006 in der Sammlung Alfery-Hrdina zu Prag befindet, war die Vorlage des bekannten Freisinger Portraits. Es zeigt als Brustbild den nach rechts blickenden Egid Quirin, mit einem offenen Hemd und einem blauen Rock darüber, auf dem Kopf eine Allongeperücke. Wir sehen einen etwa 30-jährigen Mann von an-

Bildnis von Egid Quirin Asam, Cosmas Damian Asam, um 1720/25. Prag, Sammlung Alfery-Hrdina

Bildnis des Egid Quirin Asam, um 1735/40. Diözesanmuseum Freising

genehmem Äußeren, mit länglichem Gesicht und einem offenen, in die Ferne gerichteten Blick. Der Eindruck eines spärlich werdenden Haarwuchses wie auf dem ›Brüderbild‹ wird hier durch die hohe Stirn unterstützt.

Das Gemälde entstand um 1720/25. In einigen Grundzügen wie der gerundeten Kinnpartie und der langen, geraden Nase finden sich Ähnlichkeiten mit dem fast gleichzeitigen Weltenburger und dem etwas jüngeren Einsiedelner Fresko, die jedoch einem anderen Medium, der auf weite Ansicht berechneten und daher in der Einzelform viel summarischeren und stärker vergröbernden Deckenmalerei angehören und daher nicht ohne weiteres vergleichbar sind.

In einer deutlichen Verwandtschaft zu diesem Bild steht das bekannte Portrait Egid Quirin Asams im Diözesanmuseum Freising (siehe Abb. S. 84), das in seinem Wohnhaus in der Sendlinger Straße in München hing. Ob es sich um ein Selbstportrait handelt oder um ein Gemälde von Cosmas Damian Asam oder von Georg Demarées, sei dahingestellt. Wie auf dem kleinen Bild steht der Meister nach rechts gewandt und blickt nach links. Deutlicher wird jetzt seine lässige Kleidung, das weiße Hemd und der offene blaue Rock mit den Ärmelaufschlägen, unter denen sich eine Manschette zeigt. Die Rechte hat er auf einen mächtigen Stuckkopf gelegt, auf den die Linke hinweist. Es ist denkbar, dass es sich dabei um einen ›bozzetto‹ handelt, ein Modell für eine Holz- oder Steinfigur, vielleicht auch einen Stuckkopf. Damit ist der Künstler als Bildhauer präsentiert, als der er sich auch hauptsächlich verstand. Gegenüber dem früheren Portrait wirkt Egid Quirin hier nicht merklich gealtert, die Gesichtsformen sind lediglich etwas weniger weich und schärfer hervorgehoben. Eine Randnotiz: Der unübertroffene Portraitist Rembrandt schuf 1653 mit dem Bild des Philosophen Aristoteles mit der Büste Homers eine dem Freisinger Portrait verblüffend ähnliche Darstellung (New York, Metropolitan Museum of Art).

MARIA SALOME ASAM UND IHRE BRÜDER

2008 wurde im Ausstellungskatalog »Electrine und die anderen. Künstlerinnen 1700 bis 2000« auf ein Portrait der Maria Salome Asam in der ehemaligen Benediktinerklosterkirche im oberpfälzischen Michelfeld hingewiesen, das bis dahin nur wenigen bekannt war.

Der Hochaltar von 1720/21, für den Cosmas Damian das Bild malte, gilt als eigenständige Schöpfung Egid Quirins. Das Altarbild zeigt das letzte Abendmahl. Am rechten Bildrand steht in einer Gruppe von drei Bedienten eine jugendlich wirkende Frau in zeitgenössischer Kleidung, in der man Maria Salome er-

Egid Quirin Asam. Ausschnitt aus dem Michelfelder Hochaltarbild

Maria Salome und Cosmas Damian Asam. Ausschnitt aus dem Hochaltargemälde von Cosmas Damian Asam in der Klosterkirche Michelfeld, 1720/21

kennt, die mit ihren 35 oder 36 Jahren damals allerdings schon als ältere Frau galt. Sie trägt ein eng geschlossenes Kleid mit einem geraden Halsausschnitt und Zierborte, hat einen Mantel um die Schultern gelegt, den sie mit der erhobenen Rechten rafft; die Linke stützt sie auf die Hüfte. Ihr lockiges Haar ist zurückgekämmt und fällt in den Nacken. Dunkle Augen, eine gerade Nase und ein kleiner Mund in einem rundlichen Gesicht verleihen ihr eine sehr individuelle Note. Wenn Maria Salome auf diesem Bild dargestellt ist, wird sie wohl ihre Brüder bei der Ausstattung der Kirche als Vergolderin und Fassmalerin unterstützt haben. An der Komposition des Bildes und vor allem auch an diesem Frauenbild wird deutlich, wie intensiv Cosmas Damian Asam bei seinem römischen Aufenthalt die Werke des Malers Caravaggio studiert hatte, denn diese Frau scheint unmittelbar einem Caravaggio-Bild entschlüpft zu sein.

Sind auch ihre Brüder zu entdecken? Da hilft ein Vergleich mit dem ›Brüderbild‹ in Freising weiter. Der unter Maria Salome gebückt stehende Mann, der ein Wasserbecken trägt (auch er ein völlig ›caravaggesker‹ Typ), ist an seinen kräftigen, fast fleischigen Zügen mit den großen dunklen und leicht vortretenden Augen zweifelsfrei als Cosmas Damian zu erkennen, dessen Nasenrücken hier die gleiche Kerbe wie auf dem Freisinger Bild (und auf den späteren Selbstbildnissen in Alteglofsheim und Osterhofen) zeigt. Er blickt hinüber zum linken Bildrand: Dort schreitet ein vornehm gekleideter Mann mit nackenlangen blonden Haaren und einem Vollbart die Stufen herab, der neben der zeitgenössischen Kleidung mit den nackten Beinen und den geschnürten Sandalen wie eine Gestalt aus der Antike wirkt. Mit einer herrischen Geste weist er auf das Tabernakel.Unter ihm steht zwar Cosmas Damians Signatur, aber die Haarfarbe, der Augenschnitt, der Mund und die gerade Nase lassen ihn ohne weiteres als Egid Quirin erkennen.

COSMAS DAMIAN ASAM: JÄGER UND NARR

»Nicht alles, was grün daher gehet, ist ein Jäger, nicht alles, was eine Kappe trägt, ist ein Narr«, schreibt der Wiener Hofprediger Abraham a Sancta Clara in seinem satirischen Werk

Selbstbildnis Cosmas Damian Asams als Jäger und Narr. Ausschnitt aus dem Deckenfresko im Salet von Schloss Alteglofsheim, 1730

»Judas, der Erzschelm« (1686–95). Und dennoch hat sich Cosmas Damian im Salet von Schloss Alteglofsheim als Narr dargestellt: Kalt ist's, der grimmige Nordwind Boreas bläst seinen eisigen Schneehauch auf den Jäger, der seine kalte Hand über einem Kohlebecken wärmt. Er trägt einen pelzverbrämten Mantel, eine eng anliegende blaue Hose und eine Pelzmütze, die sich bei genauerem Hinsehen als langzipfelige Narrenkappe mit Schelle erweist, und an seinem Stiefel, den er lässig auf das Stuckgesims stellt, ist ein Narrenschuh in Form eines gotischen Schnabelschuhs festgebunden. Das Gewehr steht hinter dem Jäger, der dem Betrachter mit einem Glas dunklen Bieres zuprostet. Seine Jagdbeute, Hase, Fuchs, Wildschwein und Reiher, liegt vor ihm, auf dem Wildschwein steht eine Silberschüssel, in der sich das Kohlefeuer des Gemäldes und die Gartenfenster des wirklichen Raumes spiegeln. Und aus der Schüssel erhebt sich ein Falke.

In diesem Bild stecken einige Anspielungen. Die an anderer Stelle des Deckenfreskos befindliche Darstellung des Falken, der sich auf einen Reiher stürzt, weist auf den Auftraggeber, Graf Königsfeld, der als Gesandter des bayerischen Kurfürsten die Reiherbeize ausüben durfte, die als edelste Form des Waidwerks galt und eigentlich Privileg des Landesherrn war. Königsfeld selbst war kein Nimrod: »Ich bin zwar khein grosser Jäger, aber ex ratione politica khan man dergleichen Partien oftermahls nicht abschlagen.«

Aber wieso ist Asam ein Narr? Narrenpredigten waren zu jener Zeit besonders populär, am bekanntesten und am weitesten verbreitet sicherlich die Abrahams a Sancta Clara (1644–1709), in denen er das allzu satte Wohlleben der christlichen Zeitgenossen geißelte.

Spiegelndes Glas und Silberschale, Feuer und tote Tiere sind Motive der ›vanitas‹, mit denen auf die Vergänglichkeit irdischer Pracht und materiellen Wohlergehens angespielt wird. Einige der deutlich hervorgehobenen Bildmotive galten schon in Sebastian Brants ›Narrenschiff‹ als Zeichen und Allegorien der Narrheit: Pelzmütze, verbrämter Mantel, Stiefel und Hosen sind Attribute des Mode-Narren; dazu gehört vielleicht auch das graue Haar, das unter der Pelzmütze hervorlugt, denn der Herr von Welt pflegte sein Haar dick mit Reismehl zu bepudern, um sich alt zu machen. Das erhobene Bierglas zeugt von schlechter Tischzucht, für die Asam die Narrenkappe gebührt, wie Sebastian Brant ausführt: »Das Trinkgeschirr hebt er empor / und bringt uns freundlich einen Trunk, / damit der Becher macht: glunk glunk.«

Auch von winterlicher »unnützer Jagd« – denn »ohn Narrheit ist das Jagen nit« – spricht Sebastian Brant: »Die Bauern jagen jetzt im Schnee, / der Adel klaget ach und weh. / Dieweil dem Wildbret er nachlauft / hat es der Bauer schon verkauft.«

Freilich war es eine besondere Auszeichnung, dass Kardinal Damian Hugo von Schönborn seinem Maler Cosmas Damian 1729 nach der Ausmalung der Schlosskirche in Bruchsal erlaubte, »in seinen Revieren einen Rehbock schießen« (siehe S. 102). Bei allem vertrauten Umgang mit adligen Auftraggebern blieben die Asams jedoch Zeit ihres Lebens das, was sie von Geburt an waren: bürgerliche Handwerker. Das verbindet sie mit anderen bedeutenden Künstlern, die in Adelskreisen verkehrten oder in diplomatischen Diensten standen, um nur den Maler Peter Paul Rubens und den englischen Gartenarchitekten Lancelot Brown zu nennen. In seinen klar abgesonderten und gesellschaftlich untergeordneten Stand wurde auch ein Cosmas Damian Asam gnadenlos verwiesen, als sich über seinem Haupt einmal ein Gewitter hochfürstlichen Missfallens entlud (siehe S. 100–102).

DER ARME SÜNDER VON OSTERHOFEN

Während im Alteglofsheimer Bildnis vom Frühsommer 1730 einiger Humor aufblitzt, tritt uns knapp zwei Jahre später in der Stiftskirche St. Margaretha zu Osterhofen ein ganz anderer Asam entgegen. Mit seiner Darstellung als Zöllner ist ihm

Selbstbildnis Cosmas Damian Asams als armer Sünder in der ehemaligen Klosterkirche in Osterhofen, 1732

eines der beeindruckendsten Künstler-Selbstbildnisse des 18. Jahrhunderts gelungen. Unter der Orgelempore, also im hintersten Winkel der Kirche, illustriert Asam die neutestamentliche Geschichte vom Pharisäer und vom Zöllner (Lk 18,9–14). Unser Blick geht in den großen gotischen Raum des Tempels, auf dessen Stufen der Pharisäer im selbstgerechten Gebet kniet: »Gott, ich danke dir, dass ich nicht wie die anderen Menschen bin, die Räuber, Betrüger, Ehebrecher oder auch wie dieser Zöllner dort.« Der Evangelist Lukas überliefert weiter: »Der Zöllner aber blieb ganz hinten stehen und wagte nicht einmal seine Augen zum Himmel zu erheben, sondern schlug sich an die Brust und betete: Gott sei mir Sünder gnädig.« Die Signatur »Cosmas Damian Asam« neben dem Zöllner weist das Bild als Selbstportrait aus. Wir begegnen einem wohlgenährten Mann mit markanten, fleischigen Gesichtszügen und lockigem, dunklem Haar, sein knielanger, ärmelloser Rock mit Goldborten und goldenen Tressen besetzt und von einem vergoldeten Gürtel gehalten, darunter ein weißes Hemd mit schlichten roten Manschetten, eine weiße Kniehose und weiße Strümpfe, in der gesenkten Linken die Mütze. Es ist das Bild eines wohlhabenden Bürgers von etwa 45 Jahren, ohne adlige Attitüde wie in Weltenburg oder Alteglofsheim, der weiß: »Wer sich aber selbst erhöht, der wird erniedrigt, wer sich aber selbst erniedrigt, wird erhöht werden« (Lk 18,14).

Dominicus Zimmermann Archit. e. Stuckador Landsbergensis

Wie unterschiedlich Künstler sich in einer Kirche verewigen konnten, wird deutlich, wenn wir das Osterhofener Bild mit einer Signatur vergleichen, die genau zur gleichen Zeit (1731/32) viele Tagesreisen entfernt in der Wallfahrtskirche Zur Schmerzhaften Muttergottes zu Steinhausen entstand, wo sich, ebenfalls unter der Empore, ein den Asams ebenbürtiger Landsberger Baumeister und Stuckator in großen goldenen Buchstaben stolz und kunstvoll verewigte: DOMINICUS ZIMMERMANN ARCHIT. E. STUCKADOR LANDSBERGENSIS.

Cosmas Damians Signatur des Weltenburger Deckenbildes

»MI BOVERETO HOMO« – ICH ARMSELIGER MENSCH

Längst nicht alle seine Werke hat Cosmas Damian signiert; noch viel weniger Egid Quirin. Das beginnt ganz bescheiden mit »C. D. Asam 1714« auf dem Ensdorfer Kuppelfresko; so heißt es auch in der Klosterkirche Michelfeld 1717. Sonst kamen Klöster gelegentlich in den Genuss einer lateinischen Signatur: Auf dem kleinen Bild in Walderbach steht »C. D. Asam Inuenit 1718« (invenit = hat es entworfen). Das lateinische »pictor et architectus« von 1721 in Weltenburg wurde bereits erwähnt. Auf dem Deckenbild im Langhaus der Klosterkirche St. Emmeram in Regensburg mit Darstellung der Exemtion des Klosters (der Lösung aus der bischöflichen Gewalt) durch Papst Leo III. (795–816) auf dem Petersplatz in Rom, den Asam durch die Wiedergabe der Kolonnaden Berninis versinnbildlicht, signiert er, dem Ort angemessen, mit »Cos. Dam. Asam pinxit« (hat es gemalt). Umso bescheidener verewigte er sich auf dem gewaltigsten seiner frühen Werke, der Ausmalung der Klosterkirche Weingarten »Cosmas D: Asam: 1720«.

Eine gemeinsame Signatur an sehr prominenter Stelle dokumentiert die enge Zusammenarbeit der Brüder bei der Ausstattung der Klosterkirche in Einsiedeln. Dort steht als Umschrift (um 1727) im Scheitelpunkt der Abendmahlskuppel: »D. Cosmas D. Asam Pictura. D. Egidius Q. Asam Sculptura«

– außergewöhnlich für eine Künstlersignatur ist dabei das D. vor den Namen für Dominus, Herr. Eine ähnliche Signatur setzte Cosmas Damian in Deutsch auf das (1944 zerstörte) Hauptfresko der Heilig-Geist-Kirche in München: »Cosmas Damian Asam, Maller, Aegidius Quirin Asam, Pildhauer anno 1727«.

Die Fresken in der Schlosskirche Mannheim (1945 zerstört) trugen die schlichten Inschriften »Cosmas Damian fecit 1728« und »Cosmas Damian Asam 1728«. Ganz lakonisch zeichnete er die (ebenfalls 1945 zerstörte) Deckenmalerei des Rittersaals im Mannheimer Schloss 1729 mit »Asam«. Das gleichfalls 1945 zerstörte Deckenbild des Haupttreppenhauses im Mannheimer Schloss signierte er »Cosmas D. Asam von Minchen 1730«. In der St.-Anna-Kirche in München (1944 zerstört, rekonstruiert 1972–76) schrieb er ausnahmsweise eine lateinische Jahreszahl »D. Asam pinxit MDCCXXIX« (Herr oder Damian Asam malte dies 1729).

Es bleibt Spekulation, ob das elegisch-anrührende Osterhofener Selbstbildnis von 1732 (siehe Abb. S. 93) etwas mit dem Tod von Cosmas Damians Frau Maria Anna 1731 zu tun hat, doch die Unbeschwertheit der früheren Bildnisse ist vergangen. Dies wird an seinen beiden Signaturen von 1733 in der Benediktinerklosterkirche St. Hedwig im schlesischen Wahlstatt umso deutlicher. Auf dem Hauptbild erscheint unter der Figur Marias als Apokalyptischer Frau die in dieser Form nur noch in Mannheim ähnlich vorkommende Signatur »Cosmas Damian Asam von Pairisch Minchen«, aber auf dem kleinen Lunettenbild über dem Kreuzaltar, das den Kreuzestod Christi zeigt, steht ein Verstorbener von den Toten auf, der in seiner Gruft einen Lichtstrahl vom Kreuz empfängt; auf der zerbrochenen Grabplatte davor steht die Inschrift: »Cosmas D. A.« – ein Bild der Hoffnung auf die Auferstehung.

Cosmas Damian Asams als Druckgrafiken erschienene Werke sind nahezu alle signiert, die Ölgemälde hin und wieder, wie in Weltenburg mit »C. D. A.« und »C. D. Asam«, die erhaltenen Zeichnungen nahezu gar nicht; sie alle zu nennen, würde den Rahmen sprengen.

»Mi Bovereto Homo«: Signatur Egid Quirin Asams unter dem Tabernakel aus der ehemaligen Klosterkirche Osterhofen

Sehr viel weniger ist von Egid Quirin Asam bekannt, denn Stuckateure pflegten ihre Werke nicht zu signieren. Von seinen wenigen erhaltenen Zeichnungen trägt der Entwurf für die Strahlenmonstranz der Johann-Nepomuk-Kirche in München die Bezeichnung »E: Q: Asam«. Ein schönes Selbstzeugnis ist eine Inschrift, die unter dem Tabernakel in der Martinskirche auf dem Angerlberg in Osterhofen-Altenmarkt entdeckt wurde, das aus der nahen Klosterkirche stammt; auf der Unterseite eines Brettes – also gar nicht für eine öffentliche Wirksamkeit gedacht – steht in einem mehr als holprigen Latein-Italienisch: »Mi Bovereto Homo / E: Q: Asam« (Ich armseliger Mensch / Egid Quirin Asam) – wir erinnern uns daran, dass Egid Quirin dem Altarsakrament eine besondere Verehrung entgegenbrachte.

»SO HABE ICH MEINEN H. BRUEDTER BERSCHWADIERT«

Bisher sind nur wenige Selbstzeugnisse der Asams bekannt. Der Wahlspruch Cosmas Damians soll (nach den Aufzeichnungen von Johann Caspar Lippert) aus dem Psalter gestammt haben: »Domine dilexi decorem domus tuae« (Ps 26,8: Herr, ich liebe den Schmuck deines Hauses), »weil er so vihl ohne Entgelt zur Ehre Gottes gemahlt.« Auf die Fassade seines Schlössls in Thalkirchen schrieb er: »Will Geist mit Mut und Kraft vereint das höchste Ziel erringen, so kann doch die Vollendung nur mit Gottes Hilf gelingen.«

Bekannt ist ein Brief Egid Quirin Asams an die Oberin des Straubinger Ursulinenklosters vom 26. Oktober 1736, in dem er über sein und des Bruders Vergnügen berichtet, schöne Kirchen zu bauen und zu verzieren. Das angebotene Honorar von 4000 fl. für die Kirchenausstattung sei zwar wenig, »aber doch aus Ansechen vnd das Mir ein Freidt haben ein schone Kirchen zu bauen vnd zu ziern, so habe ich meinen H. Bruedter berschwadiert *(beschwadert = beschwatzt, lat. persuadere = überzeugen)*, auh ein leihen Breis *(auch einen geringeren Preis)* zu nemben.«

Das Bewusstsein um das eigene Können spricht aus einem Brief Egid Quirins an die Oberin vom 7. November 1736: »... und getresten Euer Gnaden, dan sambentlichen Convent, daß in auß Ziehrung Und Mahlerey ihrger Kirchen ein sattsames Contento und grosste Fräudt haben werden.«

»RECHTSCHAFFENE, COMPORTABILE UND RAISONABLE FLEISSIGE KÜNSTLER UND MENNER«

Es gibt auch einige zeitgenössische Urteile über die Brüder, die hauptsächlich von Auftraggebern stammen.

Im Vertrag zur Ausstattung von St. Jakob in Innsbruck 1722 werden die beiden »edl kunstreichen Herren Cosmas Damnian (!) und Egidi Quirian (!) Gebrüdern denen Asam berümt und kunstreichen respective Maler und Stuckator Arbeiteren von Minichen« genannt.

Im Vorfeld der Restaurierung des Freisinger Doms kam der fürstbischöfliche Historiograph P. Karl Meichelbeck am 27. April 1720 auch nach Kloster Weltenburg und schrieb begeistert in sein Tagebuch: »Wir kamen nach Weltenburg und bewunderten die Bauten und hörten Wunderbares« (über die weiterhin geplante Ausstattung). Aus dem Jahre 1721 sind rühmende Worte eines Predigers über die neue Klosterkirche in Weltenburg überliefert: »Welche zuvor die schlechtiste war in landts Bayern, gleichet nun aller, und vielleicht ihr keine.«

Und da sind noch die Ruhmesworte zu zitieren, die der kurfürstliche Hofprediger P. Albertus Weinberger SJ am 3. Oktober 1723 in seiner Predigt zur Fertigstellung des neugestalteten Freisinger Doms gebrauchte: »Verwunderen wurde sich König Salomon über die Kunst und Geschicklichkeit der zweyen Herr Gebrüderen, dero Händen-Wercke diß alles ist. Was ihr hier sehet und as ihr alhier bewunderet ... was siehet man alhier vor

Erfindungen, Außführungen, Mannigfaltigkeiten, Ein- und Austheilungen so verschiedener Vorstellungen? Was vortreffliche Haltungen, was Höche und Stärcke des Coloriten, was liebliche Stellungen, was Correction an Umbrissen und noch dergleichen unzahlbares dergestalten, daß wie die Augen also auch die Sinnen darob erstarren möchten.«

Als Anerkennung für ihre Dienste um den Freisinger Dom erhielten die Asams 1724 vom Fürstbischof die ersten Ehrentitel ihrer Karriere verliehen: Cosmas Damian wurde »Fürstlich Freisingischer Kammerdiener und Hofmaler«, Egid Quirin »Hochfürstlich Freisingischer Kammerdiener und Hofstuckator«. Das später von ihm auch gebrauchte »Freisingischer und Regensburgischer Kammerdiener und Stuckator« ist damit zu erklären, dass die Leitung der Bistümer Freising und Regensburg unter Johann Theodor Herzog in Bayern (1719–63) seit 1723 in einer Hand lag.

Wenn Cosmas Damian bei der Ausmalung der Klosterbibliothek von St. Emmeram in Regensburg (September 1737) als »höchst kunstfertiger Maler« (peritissimus pictor) gepriesen wird, so ist das freilich eine Formel; eine Ahnung vom Ruhm der Asams gibt der St. Emmeramer Chronist Passler 1747 in seinem ausführlichen, schon im Vorwort zitierten Bericht über die Barockisierung der Klosterkirche in den Jahren 1731 bis 1733 durch den Linzer Baumeister Johann Michael Prunner und die »beiden leiblichen Brüder« von Asam, die man als Ratgeber hinzugezogen hätte, weil sie in dieser Kunst sehr erfahren gewesen und vor allen anderen auf dem ganzen Erdkreis gefeiert wären; sie hätten schon viele Kirchen gebaut und sie auf geradezu wunderbare Weise ausgestattet. Die Abtskathedra hätte der Herr Ägydius von Asam kunstvoll ersonnen.

Die vielleicht bekanntesten Äußerungen über die Asams stehen in einem Dankschreiben des Kardinals und Fürstbischofs Damian Hugo von Schönborn 1728 an Markgräfin Sybilla Augusta von Baden-Baden, die ihm die Brüder für die Ausstattung der Hofkirche des Schlosses Bruchsal empfohlen und vermittelt hatte: »... ich habe von diesen ehrlichen Männern viel gutes gehört, auch daß sie rechtschaffene, comportabile und raisonable fleißige Künstler und Menschen seindt, mithin die Sachen auch gern beschleinigen und befördern thun.« Dass die beiden Damiane, Cosmas und Hugo (»Ist mir so viel lieber, als der Maler auch Damianus heißt, mithin hat er Gelegenheit, hier seinem Patrono ein Ehre anzutuen«) kurz darauf völlig über Kreuz gerieten, gehört ebenfalls zum Verhältnis von Auftraggeber und Künstler im Barock (siehe unten).

1732 erbat und empfing Cosmas Damian Asam auf eigene Bitten als Maler eine Ehrung, die sonst nur Architekten zuteil wurde: Kurfürst Karl Philipp von der Pfalz erhob ihn zum Kurpfälzischen Hof-Kammerrat und drückte damit sein allerhöchstes ›contento‹ (Zufriedenheit) aus: »Demnach Ihro Churfürstl. Durchlaucht auf untertängistes Suplicieren des Chur-Bayerischen Hof-Maleren Cosmi Damiani Asam demselben die hohe Gnad getan, mithin selbigen in Ansehung bei der Malung der Hof Capellen, großen Saals und Hauptstiegen in dero neu erbauten Residenz zu Mannheim bezeigten Fleißes, das Prädicat dero Chur. Pfälz. Hof Kammer Rat vermög Patents beigeleget haben.«

Der Zürcher Bildnismaler Johann Caspar Füßli d. Ä. (1706 bis 1782), der im Dienst des markgräflichen Hofes zu Rastatt stand, kam 1732 nach Ettlingen, um Kardinal von Schönborn zu portraitieren und berichtet über seine Bekanntschaft mit Cosmas Damian, der gerade die Schlosskapelle St. Johann Nepomuk ausmalte: »Dieser Asam war in aller Absicht ein grosser Freskenmahler; nur war seine Färbung bisweilen zu bunt. Ein Mann von untadeligen Sitten, höflich und gesellig … Wir waren Freunde und ich erinnere mich mit Vergnügen der Stunden, die ich mit ihm zugebracht habe.«

»NICHTS, ALS LAUTER CHICANE« – DER STREIT MIT DEM FÜRSTBISCHOF

So sehr die zeitgenössischen Urteile die Asams loben: Die Realität konnte ernüchternd aussehen. Dies musste Cosmas Damian erfahren, als er mit Kardinal und Fürstbischof Damian Hugo von Schönborn über die Ausmalung der Bruchsaler

Schlosskirche in Streit geriet. Er hatte am 14. Juli 1728 einen Akkord über 5000 fl. geschlossen und vollendete in nicht einmal sieben Wochen bis Anfang Oktober das Langhausbild. Dabei war er gezwungen gewesen, aus künstlerischen Gründen eine Planänderung vorzunehmen und sie – da der Kardinal auf seine Anfrage nicht antwortete – aus Zeitgründen eigenmächtig auszuführen. Darüber und über andere Fragen der künstlerischen Gestaltung, nicht zuletzt über die Forderung einer Abschlagszahlung von 2500 fl., brach ein heftiger Zwist zwischen Auftraggeber und Künstler aus, da sich der Kardinal in seinen großen Erwartungen getäuscht und übervorteilt sah. »Nichts, als lauter Chicane«, beschwerte er sich.

Auf den Hinweis des Künstlers – das Kammerprotokoll hat alles dies bis ins Kleinste festgehalten –, dass Seine Eminenz bei einem Besuch auf dem Malergerüst der Änderung zugestimmt habe, erwidert Schönborn, er sei keineswegs einverstanden gewesen und habe nur geschwiegen, weil ohnehin nichts mehr zu ändern gewesen sei, außer man würde auf seine Kosten alles wieder abschlagen. Er wirft dem Maler vor, er habe zu wenig und zu langsam gearbeitet, an seiner Stelle Lehrbuben malen lassen und das große Geld kassiert; hätte er sich angestrengt, wäre die Ausmalung längst abgeschlossen. Und er weiß, wie er Asam bei der Ehre packen kann: Nicht er ist der Hintergangene, sondern Gott, »dann das Keldt undt die Kirche ist dem gewittmet, der aller Menschen Hertzen undt Gedancken einschauet.« Das Künstlerhonorar sieht Schönborn als sein persönliches Opfer an Gott an: »Übrigens wirdt er *(Asam)* verandtworten müssen, wan er dem lieben Gott was abknappet, so ihm zu seiner Ehre gewittmet und veraccordiret worden, dem wir die 5000 fl. aufgeopferet und geschenckt haben.« Er droht, des Malers Arbeit »coram dicasterio« (vor Gericht) überprüfen zu lassen und so lautet das wenig wohlwollende Urteil des Kardinals schließlich:

> *»Dieser gute Man ist curieus, er vermeynet, es seye ihm allein erlaubet, den Contract zu expliciren, ich bin dieser Aichenmegtigkeidt müt, undt hatte er endlich mit keinem Bauren zu tuen*

undt gibdt uns ja geflißentlich Ursach, ihm auch zu zeychen, daß wir eben kein Ursach haben, uns von ihm brusquiren (brüskieren) zu laßen. Wir wollen absolute alles sicher haben oder zahlen ihm die 5000 fl. nicht aus. So spielet man nicht mit uns. Wil er brusquiren, so suche er sich seines gleichens; wir seindt es müt, sein Vermeinen ist curios und bestehet nur in Geldt ziehen … Der gute Man machet mir es zu blump undt vermeinet, es müßte eine große Gnad sein, wan er das Geldt anehmen wollte, wir haben nicht ihn, sondern er uns gesuchdt und daher wir Maler aus Welschland (Italien) bekanter Maaßen genuch haben können.«

Gerade die letzte Behauptung, Asam sei auf Schönborn zugekommen, stimmt natürlich nicht, denn der Maler ist ihm von der Markgräfin empfohlen worden und Schönborn hat sich nur zu gerne seiner Dienste versichert. Das wirklich Unangenehme an dieser Affäre ist Schönborns erboster Brief an die bayerische Kurfürstin, der Asam »besondern Schmertzen« bereitet, weil er fürchten muss, daheim in Verruf zu geraten.

Wie dem auch sei – als Seine Eminenz genau nach Jahresfrist im Oktober 1729 die fertige Hofkirche in Augenschein nahm, war er mit dem Ergebnis so zufrieden, dass er nicht nur seine bösen Äußerungen zurücknahm, sondern dem Maler auch gestattete, in seinem Revier einen Rehbock zu schießen. Wer in dieser ganzen »Affaire« den größeren Bock geschossen hat, soll hier nicht beurteilt werden, denn geblieben ist von alledem nichts außer einer netten Anekdote – die Hauptakteure sind länger als ein Vierteljahrtausend tot und die Bruchsaler Hofkirche wurde im Zweiten Weltkrieg zerstört.

8 Glanz und Elend des Künstlerlebens

DIE GROSSVERDIENER

Wenn eingangs davon die Rede war, dass die 500 fl., die Cosmas Damian für sein Deckenfresko in Schloss Alteglofsheim 1730 erhielt, kein sonderlich hoher Verdienst waren, so galt das für ihn, nicht aber für andere. Denn Schlossverwalter Maag, der dem Künstler das Honorar aushändigte, konnte sich eine entsprechende Bemerkung nicht verkneifen:

»Viel bald khan woll ein solcher H[err] oder Künstler mit so schönes Stuckh Gelt gewünen, und das ein ander armber Schlucker woll vill Jahr darmit zuthuen hat, bis er sovill mit Miehe und Arbeith erhole. 150 fl. habe ich deme *(ihm)* mitgegeben, und [er] will [dieselbe Summe] in 14en Tagen wider von mir erwartten, mit den weithers 200 fl. aber wolte er schon zuesehen, bis er gleichwollen das Werkh gar völlig auszumachen, was noch wenigs dabey abgehe, wider hirher gelangen würdte. Kirchen Ornath als Messgewandt so anders hat er in Regenspurg noch vor seiner Abreis von dem H. Meiran erkhauffet, vor seiner Capellen, die er ausser Minchen in seinem Schlössel hat, wie er ihme auch ein ganz neues Sommerkleid machen, das ihme als er es gemeldt, die vorhin [empfangenen] 150 Thaller völlig aufgang sint.«

Dass Asam an einem Nachmittag für ein Sommerkleid und Kirchenschmuck drei Jahresgehälter eines Arbeiters ausgab, nahm der biedere Verwalter mit Kopfschütteln zur Kenntnis. Ein Taglöhner, wie Asams Farbenreiber und Handlanger Niklas Fischer, erhielt für zwölf Tage Arbeit 2 fl., was einem Tageslohn von 10 Kreuzern entsprach. Besser bezahlt waren hingegen die Handlager und Gehilfen in Maria Einsiedeln. Hier erhielten der Farbenreiber und »der Bub, so den Gibs angemacht« jeweils 19 kr., der »Vorstreicher« ca. 15 kr., der »Fresko-Grundleger« sogar 47 kr. pro Tag.

Da die Malerei zu jener Zeit als vornehmste Kunst galt, Bildhauerei und Stuckatur dagegen ein geringeres Ansehen genossen, erklärt es sich, warum Cosmas Damian in der Regel besser als sein Bruder bezahlt wurde. So erhielt er für die Ausmalung der Stadtpfarrkirche St. Jakob in Innsbruck 3500 fl., Egid Quirin für die Stuckarbeiten 2400 fl., also rund ein Drittel weniger. Kloster Einsiedeln akkordierte mit Cosmas Damian für die Ausmalung 4400 fl., mit Egid Quirin für die Stuckatur 2200 fl. Doch für die Kanzel, ein Hauptstück der Ausstattung, bekam Egid allein 1400 fl. In Alteglofsheim sollte Cosmas Damian 500 fl. einstreichen, hingegen ist das genaue Honorar Egid Quirins nicht bekannt. Zweimal zahlte ihm die Schlosskasse 50 fl. Abschlag, seinem Stellvertreter 80 fl. – jedenfalls wieder sehr viel weniger als dem Maler.

Lebenshaltungskosten anno 1730

In Regensburg betrug um 1730 der Mietzins für eine Wohnung oder ein möbliertes Zimmer je nach Wohnlage zwischen 1 und 2 fl. monatlich, für ein Haus etwa 5 fl. – Kindermädchen, Mägde und Knechte verdienten zwischen 3 und 10 fl. pro Jahr, wobei ihnen angerichteter Schaden wie zerbrochenes Geschirr vom Lohn abgezogen wurde. Für einen »gold-bordierten Hut« bezahlte man 10 fl., für einen »roth-tuchenen Weiber-Brust-Latz« 20 kr. Ein Bettzeug, bestehend aus einem »gestreiftem Federik, je zwei mit Cöllnisch überzogenen Kopf- und Magenkissen«, kostete 6 fl., »Mannskleidung mit Taffet *(glatter, leinwandartig gewebter Seidenstoff)* gefüttert« 9 fl., eine bräunliche »Roquelaure *(knielanger Herrenmantel)* mit einem grün samtenen Kragen und ein schwarz-taffetes Tuch« 7 fl. 30 kr., ein »Frauen-Unterrock mit taffeter Coursette *(Korsett aus Taffet)* und ein Coursette von croix de tour« kosteten 9 fl. Für ein Paar Schuhe bezahlte man 1 fl., für einen Rock 2 fl. 10 kr. Ein Paar Pantoffeln kosteten 48 kr., ein Mieder 30 kr., ein Paar Strümpfe 1 fl. 5 kr.

1708 sollte der 22-jährige Cosmas Damian Asam für die Fassung eines Seitenaltars in St. Kunigund zu Schnaittach (siehe S. 25) 170 fl. bekommen; mit der Ausmalung der Regensburger Jesuitenkirche St. Paul 1715/16 (zerstört 1809) verdiente er schon 1000 fl. Er arbeitete hier nicht mit seinem Bruder zusammen, sondern mit dem Stuckator Johann Wagner, der immerhin für seinen figürlichen und ornamentalen Schmuck 1500 fl. einstrich.

Die 1719 nach Plänen der Asams erbaute und von ihnen 1720 ausgestattete Korbinians- oder Brunnen-Kapelle in Weihenstephan verschlang die enorme Summe von 15 000 fl., wovon ein Großteil in die Schatulle der Brüder floss. Den Abbruch der Kapelle 1803 bezeichnete Sylvia Hahn zu Recht als »einen der bedauerlichsten Verluste, die Freising und ganz Bayern im Zuge der Säkularisation zu beklagen haben.«

Lebensmittelpreise anno 1747

1747 kostete ein Pfund bestes ungarisches Fleisch in Regensburg 6 kr. 4 Pfennige, inländisches Fleisch 6 kr. 1 Pfennig, Kuhfleisch 6 kr. 1 Pfennig, Schaffleisch 4 kr. 3 Pfennige, Kalbfleisch 6 kr. 3 Pfennige, Kalbkrös 5 kr.,ein Kalbskopf 7, 9 und 12 kr., ein Kalbsfuß 1 kr. 2 Pfennige, ein Ochsenmagen 10 kr.

Das neben der Klosterkirche Weltenburg bedeutendste Gemeinschaftswerk ihrer frühen Zeit war die Neuausstattung des Freisinger Doms 1723/24, die den beiden Asams eine wahre Titanenleistung abverlangte, da sie in knapp anderthalb Jahren vollendet sein musste. Hierfür hatten sie 1724 einen Kontrakt über 7000 fl. abgeschlossen, doch mit allen zusätzlichen Aufwendungen und Folgeaufträgen summierten sich die Kosten schließlich auf rund 14 000 fl.

Für die Ausstattung der Ursulinenkirche in Straubing 1738/39 akzeptierten die Asams (schweren Herzens) ein gemeinsames Honorar von 4000 fl., das sie sich teilen wollten. Cosmas Damian war in der für ihn typischen Großzügigkeit bereit, auf seinen Anteil zu verzichten, wenn seine Tochter Anna Theresia, die »den Clostergeist hat«, im Konvent aufgenommen würde. Dass die Ursulinen nicht zögerten, diese großherzige Mitgift anzunehmen, ist verständlich, zumal der stolze Vater für Einkleidung und Profess nochmals 1000 fl. stiftete.

Er befand sich hierin übrigens in guter Gesellschaft: Auch Dominikus Zimmermann hatte eine Tochter, die 1737 ins Zisterzienserinnenkloster Gutenzell eintrat; hier sollte der Vater die Kirche kostenlos stuckieren. Nachdem es dazu nicht kam, entrichtete er bei der Profess ebenfalls 1000 fl.

1734 musste das hoch verschuldete Kloster Weltenburg Cosmas Damian 260 fl. im Voraus bezahlen, damit er überhaupt kam. Das lässt auf Zahlungsprobleme in der Vergangenheit schließen, die sich offensichtlich fortsetzten, denn 1736 brach er die Arbeit am Stifterfresko über dem Chor ab, das noch bei seinem Tode 1739 unvollendet war. Er musste sich mit einem Honorar von 800 fl. zufrieden geben und einen marmornen Altar in Zahlung nehmen, der ursprünglich für eine Aufstellung in der Klosterkirche gedacht gewesen war und den er nach der Überlieferung in der Münchner Johann-Nepomuk-Kirche aufstellen ließ.

Wie sah es mit den Einkünften Egid Quirin Asams aus, der durch den kostenintensiven Bau seiner Hauskirche einen ständigen Geldbedarf hatte? In der 1869 abgebrochenen Kesper-Kapelle des Freisinger Doms schuf er einen Altar, dessen Fertigstellung sich von 1726 bis 1729 hinzog und für den er 1700 fl. forderte. Da sich Fürstbischof Johann Theodor über die lange Zeitspanne ärgerte, reduzierte Asam sein Honorar freiwillig auf 1500 fl. Kloster Weltenburg zahlte 1735/36 an den »Stuckadorer und Maler« Egid Quirin Asam 1600 fl. für die vier Seitenaltäre in den Diagonalkapellen. Für ein Altarblatt in Weltenburg – ein wichtiger Beleg für seine Tätigkeit als Maler vor dem Tode des Bruders – erhielt er im gleichen Zeitraum 150 fl. Anlässlich der Umgestaltung der Deggendorfer Hl.-Grab-Kirche 1736 legte Egid Quirin ein Kostenangebot für einen neuen Hochaltar in Höhe von 3630 fl. vor. Wohl weil er damit den festgesetzten Rahmen von 3000 fl. deutlich überschritt, unterblieb das Vorhaben; nur der Entwurf ist erhalten.

Für die Stuckausstattung der Johannes Nepomuk-Kapelle in der Stadtpfarrkirche in Meßkirch 1737 bekam Egid Quirin 600 fl. Geradezu astronomisch mutet die Summe von 8500 fl. an, die er für einen einzigen Nebenaltar der Klosterkirche

Fürstenfeld 1737 erhalten sollte; vermutlich war in diesem Betrag auch der zweite Nebenaltar inbegriffen. Regelrecht schwindelerregend erscheint schließlich die Summe von 100 000 fl., die die Asams schon 1716 für die Gesamtausstattung der Kirche in Fürstenfeld veranschlagt hatten. Sie kamen dabei nicht zum Zuge, was spätere Generationen zu bedauern allen Grund hatten, wie es in der Chronik des letzten Abtes von Fürstenfeld, Gerard Führer (1796–1803), heißt: »Gut wärs gewesen, hätte Abt Liebhard diesen Vorschlag eingegangen, denn in der Folge hatte sich eine Summe von mehr als 100 000 f. herausgeworffen. Kein Wunder also, wenn der von seinem Vorfahren hinterlassene Sparhafen nicht nur ausgelehrt, sondern mit schweren Schuldobligationen belastet worden.« Das musste auch Egid Quirin erfahren: Elf Jahre später (1748) hatte er sein Honorar immer noch nicht vollständig erhalten.

Ähnliches war ihm in der Pfarrkirche St. Peter in München widerfahren, für die er 1733/34 den Thron für die Petrusstatue und die Figuren der vier Kirchenväter gefertigt hatte. Von den vereinbarten 600 fl. bekam er nur 50 fl. Abschlag. 1738 mahnte er in einem dringlichen Schreiben die Zahlung des ausstehenden Betrages von 550 fl. an, da er durch die hohen Kosten für Haus und Kirche in der Sendlinger Straße in finanziellen Nöten war. Er hatte sich 1735 von seinem Schwager Johann Baptist Ettenhofer 300 fl. »zu meiner Nottdurftt« vorstrecken lassen und musste diese nun zurückzahlen, um »mein Credit verner bey Obigen erhalten zukhönnen.«

Im gleichen Jahr schloss Egid Quirin einen Akkord über 1500 fl. für den Hochaltar von St. Anna im Lehel in München »mit 4 gewundtenen Seullen, Stätuen pp. *(perge = usw.)* alles von feiner auf Märmel Arth geschliffener Stockhator Arbeit, die vier Zöhl *(Säulen)* und darauf stehenden Gesimps aber von wahrem Marmel gegen fünf Schuech hoch zu verfertigen, Länst bis Michaeli dises Jahrs aufzusetzen, das nothige mit gutem Gold zu vergoldten und alles auf aigner seiner uncösten, doch ohne Altar Blath in vollkommen Stand zu bringen«. In St. Anna hatte er schon 1734/35 die »kleinen Alter *(Altäre)*« in den Diagonalkapellen geschaffen und dafür mindestens 975 fl. erhalten.

Zu den letzten Werken des gesundheitlich angeschlagenen Meisters gehört der Hochaltar in der Schloss- und Pfarrkirche St. Peter zu Sandizell, für den er 1747 1000 fl. erhielt; die anderen von ihm geplanten Altäre wurden erst nach seinem Tode ausgeführt. Sein letztes großes und finanziell lukratives Unternehmen konnte Egid Quirin nicht mehr zu Ende bringen: Für die Gesamtausstattung der Mannheimer Jesuitenkirche schloss er einen Akkord über 10 000 fl. für »Mahlerey, Stuchadur, Vergülden und vollige Ausziererey«. Nach seinem Tode 1750 wurde die Ausstattung nach seinen Entwürfen möglicherweise von seinem Neffen Franz Erasmus ausgeführt und das Geld ans kurfürstliche Ministerium in München überwiesen. 1755 erfolgte die Abschlusszahlung von 64 fl.

Ganz unterschiedlich wurden die Nebenkosten verhandelt, zu denen Reisegeld, Unterkunft und Verpflegung, die Entlohnung der Gesellen und Hilfskräfte, die Anschaffung von Gips, Sand, Farben und Gold, von Pinseln und Haarsieben bis zu den Kosten für den Wein zum Anrühren des Stucks und die Futterkosten der Pferde gehörten. Dazu heißt es im Vertrag mit Markgräfin Sybilla von Baden-Baden zur Ausmalung der Schlosskirche in Ettlingen 1732: »… im übrigen verspricht Er H. Asam zu vorbemelten Mahlereyen die benöthigte Farben und Gold selbst ex propriis *(aus eigenen Mitteln)* anzuschaffen, wehren dem seinem Hier seyn sich und seine Familie zu verkösten, auch seinen Gesellen selbsten zu belohnen … Hingegen wollen Ihro Hochfürstl. Durchl[aucht] Ihme für das gantze Werk (ohne daß sie außer Unterhaltung eines Maurers Handlangers und Veränderung der Gerüsten weiters einige Kösten zu leyden haben sollen) überhaupt und für alles Vier tausend Gulden, und daran in 8 Tagen Zeith 500 Gulden, den 16ten August wieder 500 fl. und den Rest mit 3000 fl. bey accordmäßig hergestellten völligen Werck gar zahlen lassen, alles getreulich und ohne Gefährde.«

Asam übernahm also alle Kosten, die seine ›Entourage‹ betrafen, die Auftraggeberin lediglich einen Maurergehilfen und den Umbau der Gerüste; dafür erhielt er das Honorar wie üblich in Abschlagszahlungen und einer Restzahlung.

Großzügiger hatte sich 1723 Bischof Franz Johann Eckher anlässlich der Erneuerung des Freisinger Doms gezeigt. Dafür, dass sie währenddessen »an kheinem andern Orth aine Arbeit annehmen« durften, verpflichtete sich der Bischof »denenselben und noch zwayen ander Gehilfen das Logement auf der Gallerie alhie einzuraumen, und solche vier Personen mit Khost, Trunk, Licht und Holz, wan sie alhie [in] würkhlicher Arbeith stehen werden zu verpflegen, warunter auf vier Persohnen täglich drey Mass Wein und für die zwei Mass Pier verstanden sein sollen.« Außerdem »will man noch absonderlich für vier Stuccador Gesellen ieder des Tags drey Mass Pier und drey Laibl schwarzen Brodts abfolgen lassen.« Darüber hinaus übernahm der Auftraggeber nicht nur die Kosten für alle Maurer, Mörtelkocher und Handlanger, sondern auch für alle benötigten Materialien »an Kalch, Gibbs, Eisen, Nögeln, Thradt, Koller *(Kohle)* und Geschürr«.

Sehr viel weniger wissen wir, welche Honorare Schwester Maria Salome für ihre Fassmalereien verlangte. Lediglich von ihrer Tätigkeit in der Klosterkirche Weltenburg 1723/24 ist zu erfahren, dass sie 191 fl. erhielt. Cosmas Damians Sohn Franz Erasmus dürfte das unfertige Weltenburger Stifterfresko seines Vaters vollendet haben, für das ihn sein Onkel Egid Quirin empfohlen hatte. Welches Honorar er dafür erhielt, ist unbekannt. Aber für das Bild vom Jüngsten Gericht in der Vorhalle der Klosterkirche bekam er – verteilt auf zehn Jahre! – die geringe Summe von 148 fl. 44 kr.

MEHR ELEND ALS GLANZ

Die Asams gehörten zu den Großverdienern unter den Künstlern und waren höchst erfolgreiche und wohlhabende Unternehmer. Das schlug sich auch in ihrem Lebensstil nieder. Denn nicht viele Künstler konnten sich solche Anwesen wie die in der Theatinerstraße und der Sendlinger Straße oder in Thalkirchen leisten, und welcher Künstler hätte großzügig auf ein Honorar von 5000 fl. oder völlig auf eine Bezahlung verzichten können? Während sich Egid Quirin mit dem Bau seiner St. Johann-Nepomuk-Kirche an den Rand des Ruins brachte, leistete sich Cosmas Damian bisweilen den Luxus wahrhaftiger Großzügigkeit. Für die Deckenbemalung des neuen Versammlungssaals der Marianischen Studentenkongregation in Ingolstadt, der Kirche Maria de Victoria – mit 420 m² eines seiner flächenmäßig größten Werke und eines seiner absoluten Meisterstücke –, erließ er 1736 seinen Auftraggebern die Hälfte seines Honorars von 10 000 fl. unter der Bedingung, »seiner Gewohnheit entsprechend« als Wohltäter verzeichnet zu werden.

Zwei unbekannte Werke der Asams in Ingolstadt

Bisher blieb eine Quelle unbeachtet, nach der Egid Quirin um 1734 den Altar in der Corpus-Christi-Kapelle des Ingolstädter Liebfrauenmünsters stuckierte; das Altarblatt stammte von Georg Demarées. Das »sacellum sup humidum« wurde von den Asams »gratis« ausgestattet. All dies fiel der Restaurierung der Kirche 1848 zum Opfer.

Für die Ausmalung der Kuppel der Prager Wallfahrtskirche auf dem Weißen Berg 1728 erbat sich Cosmas Damian lediglich »ein Model von dem Ring der heiligen Wenceslai-Kapellen« in der Kathedrale St. Veit und war mit einem Trinkgeld von 4 fl. zufrieden, während sein Gehilfe 3 fl. 15 kr. bekam. Immerhin war er, tiefgläubig und fromm, auch bereit, die Klosterkirche in Hohenwart kostenlos auszumalen, wenn er dort seine Tochter Maria Anna Theresia (siehe S. 128–130) hätte unterbringen können, wozu es aber nicht kam.

Allerdings konnte er auch auf kleineren Beträgen beharren: Kurz vor seinem Tode forderte er 1739 noch die Restzahlung von 200 fl. für die Ausmalung der Sakramentskapelle im Freisinger Dom 1727, eine geringe Summe zwar, verglichen mit dem Gesamthonorar von rund 14 000 fl., das die Asams in Freising verdient hatten, doch nicht unerheblich, wenn man bedenkt, dass er zu dieser Zeit kaum noch arbeitete und somit auch nichts mehr verdiente.

Ausgesprochen unwirsch muss er reagiert haben, als man ihm für die Ausmalung der Friedhofskirche Kißlegg, wohin man ihn vom unweit gelegenen Weingarten geholt hatte, ›nur‹

300 fl. bezahlte. Das entsprach immerhin dem Jahresgehalt eines Münchner Hoftapisseriewirkers und selbst ein Johann Baptist Zimmermann bekam für größere Arbeiten zum Teil weniger Geld. Die Reaktion ist typisch für Cosmas Damian: Er stiftete seinen Lohn den Armen des zur Kapelle gehörigen Leprosenhauses.

Wie hören wir Cosmas Damian im Fall des Altarbildes schimpfen, das er 1727 für den neuen Hochaltar der Pfarrkirche in Sünching (südlich von Regensburg) im Auftrag des Grafen Seinsheim um 200 fl. malte! Er war bereit, von dieser Summe 40 fl. nachzulassen, doch dann wollte man ihm nur 100 fl. bezahlen, worauf der Maler am 8. Februar 1729 einen »hiezigen« Brief an den Pfarrer schrieb. Er hätte mit Befremden gelesen, »daß man ietz erst wegen meiner übersandten Mallerei umb dem Accord *(Vertrag)* und Preys willen critisieren will.« Lieber wollte er sein Bild gegen die Rückerstattung der bereits empfangenen 100 fl. zurücknehmen als nur einen Kreuzer weniger als die ausstehenden 60 fl. zu akzeptieren. Dass er nur noch 60 fl. forderte »ist es dem Gottshaus zu gueten geschehen.« Im Hinblick auf die Einschätzung des Wertes seines Bildes, wurde er ausgesprochen unhöflich: »und lasse mein Arbeith von keinem anderen Schnarcher, wie mir geschrieben wordten, nit schätzen …«

Um die Einkünfte (und den daraus resultierenden Lebensstandard) der Asams richtig einordnen zu können, ist ein Vergleich mit den wirtschaftlichen Verhältnissen anderer großer Künstler ihrer Generation aufschlussreich. Da wäre zum Beispiel der Architekt Balthasar Neumann (1687–1753), der vom Fürstbischof von Würzburg ein Jahresgehalt von 932 fl. 48 kr. erhielt, wozu noch diverse Nebeneinkünfte und die Honorare für ›freiberufliche Tätigkeiten‹ kamen.

Etwas besser ging es – jedoch nur auf den ersten Blick – den kurbayerischen Hofkünstlern unter Kurfürst Max Emanuel. Der mit Cosmas Damian nahezu gleich alte Hofbaumeister Joseph Effner (1687–1745) erhielt ein Jahresgehalt von 1500 fl., der Gartenarchitekt Dominique Girard (um 1680–1738) als kurfürstlicher Brunnenmeister und Inspektor der Lustgärten und Wasserwerke 1200 fl. Die Bildhauer Charles Dubut und

Giuseppe Volpini verdienten 600 und 200 fl. jährlich. Der Hofkistler Adam Pichler bekam 400 fl., die kurfürstlichen Tapisseriewirker 300 fl. bei freier Kost und Logis. Das alles erscheint auf den ersten Blick wenig, jedoch wurden Künstler und Handwerker in der Regel für jedes fertige Werk zusätzlich entlohnt. Hofkünstler oder hofbefreite bzw. unter Hofschutz stehende Handwerker hatten durchaus Vorteile gegenüber solchen, die in das Korsett der Zünfte eingezwängt waren; doch eben jenes Korsett gewährte auch Sicherheit, indem es Konkurrenz abhielt. So konnte ein Bildhauer sich erst dann in einer Stadt niederlassen, wenn durch den Tod eines Berufskollegen ein Platz frei geworden war.

Die Hofkünstler und Handwerker, die vom kurfürstlichen Hof abhängig waren, sahen sich in viel stärkerem Maße den Anforderungen des ›freien Marktes‹ ausgesetzt, mussten sich bewerben und Angebote abgeben. Je enger man sich an den Hof hielt, desto ärger war man vom Wohl und Wehe der Staatsfinanzen abhängig. Besonders schlimm waren die Zustände unter Kurfürst Max Emanuel († 1726), hauptsächlich nach seiner Rückkehr aus dem Exil 1715.

Wenn heute vom bayerischen Spätbarock und bayerischen Rokoko die Rede ist, steht uns die Pracht des kurfürstlichen Bauwesens mit seinen Schlössern und Gärten vor Augen, der Glanz der Kirchen und Klöster und der Bauten des Adels. Doch oft genug wurde diese Pracht teuer und zu Lasten derjenigen erkauft, die sie schufen.

Der Kurfürst befahl und die Hofkammer hatte das Geld sofort herbei zu bringen. Das kurfürstliche ›Lustbauwesen‹ machte jährlich 30 000 bis 50 000 fl. Schulden. Der zuständige Geheime Rat Franz Joseph von Unertl, der sein Bestes tat, um Künstler und Handwerker nicht im Regen stehen zu lassen, musste mit ansehen, wie seit dem ersten Tag keine Gehälter ausbezahlt und keine Rechnungen beglichen wurden. 1719 schilderte er in drastischen Worten die Situation der Gläubiger, die »um die Bezahlung irer Ausständ ... mit ungemeiner Lamentation und Vorstellung ihres vor Augen liegenden Ruins täglich laufen und beweglich bitten.« Daher lieferte niemand mehr Material oder man verweigerte die Arbeit. Baustellen mussten immer wieder eingestellt werden, »weilen … alles Credit verloren, folglich auf Porg *(Pump)* das mindeste mehr aufzubringen ohnmöglich ist, auch die mit Weib und Kindern fast Hunger sterbende arme Tagwerker, Maurer und Zimmerleut, ohne daß ihnen die richtige Bezahlung von Woche zu Woche versprochen und gehalten … werde, sich nicht mehr anstellen lassen.« Entließ man Arbeiter über den Winter, konnten sie nicht einmal mit der Zahlung ihrer ausstehenden Löhne rechnen. 1724 schrieb der brave Minister Unertl, er hätte »4000 fl. aus meinigem [Vermögen] vorgestreckt und bin nun selbst blutarm.«

Kaum das Wichtigste konnte noch repariert werden, »da man den Arbeitern, so ja unerhört und zu erbarmen ist, immerhin 40, 50, 60, 70 bis 80 Wochen Lohn ausständig verblieb«, klagte Hofbaumeister Joseph Effner, der selbst bis zu 10 und 15 Jahre auf Zahlungen warten musste.

DAS GNADENLOSE SYSTEM DES LUSTBAUWESENS

Das kurfürstliche Lustbauwesen kannte kein Erbarmen. Der Hofbildhauer Charles Dubut erhielt ab 1727 keine Aufträge mehr, weil er sich nicht dem neuen Stil anpassen konnte. Da die Hofkasse sich weigerte, seine Forderungen zu begleichen, konnte er, völlig mittellos, mit seiner Familie nicht mehr nach Frankreich zurückkehren und starb 1742 in München eines elenden Armutstodes.

Der Hofschlosser Motté zerschlug nach zwei Jahren vergeblichen Wartens auf sein Geld das bei ihm beauftragte Treppengeländer des Dachauer Schlosses aus »Desperation« (Verzweiflung), »weil er mit seiner Abfertigung in Bezahlung seines zu suchen habenden Ausstands so lange hingehalten, bis er sich nicht mehr zu raten und helfen gewußt.« Dafür nahm man ihn in Arrest und nach seiner Entlassung kehrte er sofort nach Frankreich zurück – und verzichtete zur Freude der Hofkasse auf seine Forderungen.

Was also blieb den Hofkünstlern und Hofhandwerkern anderes übrig, als für potente Auftraggeber auf dem Land zu arbeiten, für ehrgeizige und kunstsinnige Adlige und Prälaten, von denen sie mit einiger Sicherheit ihren Lohn erhielten? Hierin liegt einer der Gründe, warum wir in Bayern nicht selten in kleinen Kirchen oder abgelegenen Landschlössern von hochbedeutenden Werken führender Münchner Hofkünstler überrascht werden.

Das hohe Ansehen, dessen sich die Asams erfreuten und das sich in ihren Honoraren niederschlug, wird auch im Vergleich mit ähnlichen Bauunternehmen deutlich. Gut sind wir hierbei über den Hofstuckator und Maler Johann Baptist Zimmermann (1680–1758) informiert. Für die Stuckierung von 3350 m² Deckenflächen in Kloster Ottobeuren (1715–22) bekam er 2400 fl., was 1 fl. 20 kr. je Quadratmeter entsprach! Die Stuckausstattung der Wallfahrtskirche Maria Schnee bei Markt Rettenbach (1706–10) brachte ihm nicht mehr als 190 fl. In Offenstetten erhielten er und sein Schüler Martin Heigl 1757/58 für die Ausmalung des Langhauses der Pfarrkirche je 100 fl. – ein Asam hätte dafür nicht einmal einen Pinsel in die Hand genommen. Für die Stuckierung und Ausmalung der Klarissenkirche Am Anger in München, für die Egid Quirin Asam einen Neubau vorgeschlagen hatte, bekam Zimmermann 1737 1200 fl., für die Stuckierung des Chors von St. Peter in München (1730) 1600 fl. und des Treppenhauses von Schloss Schleißheim (1720/21) immerhin 2000 fl. Hier malte übrigens Cosmas Damian Asam 1721 das Deckenfresko – Schleißheim ist neben Lichtenberg (siehe S. 75) das einzige kurfürstliche Schloss in Bayern, in dem Cosmas Damian tätig war, und er wusste wohl auch, warum!

Johann Baptist Zimmermann musste im Alter von schon 66 Jahren, wohl aus Geldmangel, 1746 sein Haus am Rindermarkt in München verkaufen. Sein Bruder Dominikus (1685–1766), einer der größten Baumeister und Stuckatoren seiner Zeit, der Erbauer der Wieskirche und hochgeachteter Bürger, Ratsherr und Bürgermeister zu Landsberg am Lech, erhielt gegen Ende seines Lebens keine großen Aufträge mehr; nachdem es ihm nicht gelang, als Pfründner in Kloster Schussenried aufgenommen zu werden, starb er einsam in einem kleinen Haus nahe ›seiner‹ Wies.

Auch der Hofkupferstecher Michael Wening (1645–1718), Autor der großen bayerischen Landesbeschreibung (siehe S. 68), wurde ein Opfer der Zeitumstände. Er musste aufgrund geringer finanzieller Unterstützung durch den Hof sein großes Werk auf eigene Kosten herausgeben und dafür die immense Summe von 6000 fl. aufwenden. Gerade als die Herausgabe seines großen Kupferstichwerks anstand, brach der Spanische Erbfolgekrieg aus und damit versiegte ein großer Teil seiner Erwerbsmöglichkeiten. Daher verbrachte er seine letzten Lebensjahre in bitterer Armut.

Der Großvater der Asams, Niklas Prugger (1629–94), der als Portraitist und Hausmaler des Hofes 1644 100 fl., später 150 fl. und ab 1671 300 fl. Jahresgehalt bezogen hatte, verarmte im Alter völlig und verbrachte seinen Lebensabend in seinem Haus in der Theatinerstraße, in dem auch sein Schwiegersohn Georg Asam mit seiner Familie wohnte, die vermutlich verhindern konnten, dass er es verkaufen musste. Es gab keine Krankenkasse und keine Altersvorsorge wie heute die Künstlersozialkasse; wer nicht mehr arbeiten konnte, hatte eben Pech. Besonders tragisch, aber kein Einzelfall, ist das Schicksal von Johann Baptist Zimmermanns Sohn Franz Michael, der seit einem Sturz vom Gerüst 1764 gelähmt war und 1784 in größter Armut starb. Auch zwei andere führende Künstler jener Zeit endeten in armseligsten und bescheidensten Verhältnissen: der Hofbildhauer Johann Baptist Straub (1704–84), der aus Altersschwäche nicht mehr arbeiten konnte, und kein Geringerer als Hofbaumeister François de Cuvilliés (1695–1768), dem man am Münchner Hof so übel mitgespielt hatte. Besser ging es da dem großen Architekten Johann Michael Fischer (1692–1766), der sein Leben in Wohlhabenheit und gesicherten Verhältnissen, fernab von den Intrigen des kurfürstlichen Hofes, beschloss.

9 Die Häuser der Familie Asam in München

DAS NOMADENLEBEN EINER KÜNSTLERFAMILIE

Cosmas Damian und Egid Quirin Asam waren in ihrer Jugend an ein unstetes Leben gewöhnt, denn die Familie folgte immer dorthin, wo Vater Georg Arbeit fand. Dies hing auch mit der familiären Werkstattgemeinschaft zusammen, in der die Frau, die Tochter und zwei Söhne mitarbeiteten.

Nachdem Georg Asam sich 1680/81 vergeblich um das Münchner Bürgerrecht bemüht hatte, zog die junge Familie für acht Jahre nach Laingruben bei Benediktbeuern (1681–88), wo sechs ihrer Kinder zur Welt kamen, darunter Maria Salome (1685) und Cosmas Damian (1686). Der nächste Wohnort und Geburtsort von vier Kindern, unter ihnen Egid Quirin (1692), war von 1689 bis 1696 Tegernsee.

1696 übersiedelte die Familie nach Fürstenfeld, wo Maria Theresia nochmals zwei Kinder bekam. Hier lernte Georg Asam den Architekten Giovanni Antonio Viscardi kennen, was die Familie auf eine langjährige Wanderschaft in die Oberpfalz und nach Niederbayern führen sollte. Von 1700 bis 1702 finden wir Georg und Cosmas Damian Asam im Dienste des Freiherrn Tilly in Schloss Helfenberg bei Velburg; 1703 bis 1705 arbeitete die Familie Asam in Schloss Schönach (siehe S. 10f.), wo sie wohl auch wohnte.

1705 oder 1706 übersiedelten die Asams schließlich nach Amberg, wo Georg Asam möglicherweise die Ausmalung der Mariahilfkirche übernehmen sollte. Um 1708 wohnten sie bereits in Breitenbrunn und Georg Asam arbeitete von hier aus mit seinen beiden Söhnen in Freystadt, Frauenbrünnl bei Straubing und in Freising. Schon 1709 zogen die Asams ins oberpfälzische Sulzbach, wo Georg am 4. oder 5. März 1711 starb. Im gleichen Jahr noch entschloss sich seine Witwe, mit ihren Kindern nach München zurückzukehren.

DAS STECKENMACHERHAUS IN DER HINTEREN SCHWABINGER GASSE

1694 hatten Maria Theresia und Georg Asam aus dem Nachlass des Vaters und Schwiegervaters Niklas Prugger für 3000 fl. das so genannte Steckenmacherhaus in der Hinteren Schwabinger Gasse (später Theatinerstraße 39, seit 1904 Theatinerstraße 38) gekauft, das dieser 1659 erworben hatte und das bis 1767, mit einer kurzen Unterbrechung, im Familienbesitz blieb. Das Geld für den Erwerb hatten sich die Asams leihen müssen. Die Schulden belasteten die Familie lange Zeit, noch 1709 drängte Maria Theresia in Helfenberg den Pfleger Johann Velhorn, bei Graf Tilly darauf hinzuwirken, dass endlich die ausstehenden Honorare ausbezahlt würden, damit sie ihre Gläubiger zufriedenstellen und die laufenden Ausgaben für das Haus bestreiten konnte: »das ich doch einmall mein Glaubigen in Minchen mecht zufriden stellen … was mir zu meiner Hausbauung vorgestreckt worthen, und jerliche Ausgab, mit Steir und anderem, das bey einen aign Haus ist, und so schlechten Hauszinns schon etliche Jahr einnemben, durch das nit ein kleiner Schaden ist.«

Das Nachbarhaus (heute Theatinerstraße 38) gehörte dem Bildhauer Andreas Faistenberger, bei dem Egid Quirin in die Lehre ging. Cosmas Damian, seine Familie und wohl auch Egid Quirin lebten als Mieter in der Theatinerstraße 39, bis Cosmas Damian nach dem Tod der Mutter 1719 das Haus erwarb. Im Gegensatz zu den beiden anderen Asam-Wohnhäusern war es nicht als Künstlerhaus gestaltet. Nach seinem Tod 1739 kam es an seinen Sohn Franz Erasmus, der es im Jahr seiner Heirat 1740 offiziell erwarb. Er verschuldete sich völlig und musste das Anwesen 1760 öffentlich versteigern, wodurch es nach drei kurzfristigen Zwischenbesitzern im Jahr darauf an seine Frau, die hofbefreite Malerin Maria Clara Asam, kam. 1767 endete mit dem Verkauf an den Lackierer und Steckenmacher Kaspar Rost die 108 Jahre währende Besitzergeschichte der Prugger-Asam in der Hinteren Schwabinger Gasse, 1904 wurde das Haus für einen Neubau abgebrochen.

»ASAMISCH: M: EINSIDL: DALL« – DER SOMMERSITZ IN THALKIRCHEN

1724 kaufte Cosmas Damian von Johann Adrian Kray südlich von München ein in den Isarauen von Thalkirchen gelegenes Anwesen, das 1687 erbaut worden war und die so genannte Edelmannsfreiheit besaß (Maria-Einsiedel-Straße 45). Das heute fast völlig verschwundene ›Schlössl‹ ließ er als Atelier und als Sommersitz der Familie ausbauen. Es umfasste das Haupthaus des 17. Jahrhunderts, das als einziges noch steht, östlich davon an einem Mühlkanal eine Mühle und Sägemühle; im Vorhof auf der Nordseite standen ein Wirtschaftsgebäude, die Kapelle, daneben ein Mesnerhaus und ein Backofen. Südlich von Schloss und Mühle erstreckte sich ein Kunstgarten mit einem mittleren, vom Mühlkanal abgezweigten Kanal, der einen Springbrunnen speiste.

Die um 1902 entstandene Fotografie im Stadtarchiv München zeigt die beiden 1904 abgebrochenen Häuser Theatinerstraße 38 und 39. Nr. 38 (ganz links) gehörte Andreas Faistenberger, bei dem Egid Quirin Asam seine Bildhauerlehre absolvierte, Nr. 39 (zweites von links) ist das Prugger-Asam-Haus

»*Die Edelmannsfreyheit, Vorrecht durch einen Brief Albrechts v. 1557, den sogenannten rittermäßigen und Adelspersonen ertheilt, auf ihren Besitzungen die niedere Gerichtsbarkeit auszuüben, zu jagen und drgl.*«

Johann Andreas Schmeller, Bayerisches Wörterbuch I, 37

Es war Egid Quirin, der hier schon 1724 eine Heilig-Geist-Kapelle »aus meinen aigenen Miteln schön und sauber« erbauen wollte und dazu vom Freisinger Bischof auch die Erlaubnis erhielt. Als einen Grund für seine Stiftung gab er an, wie schon erwähnt wurde, »bey der Jungen Pursch an Sonn- und Feurtagen den Mueßiggang in etwa zuverhüten.« Er verfolgte zwar diesen Plan noch einige Jahre intensiv, fand jedoch nie die Zeit zu seiner Verwirklichung. »Zumallen er aber solchs ein Vorhaben immer verzögert und dermallen ausser Landts abwesen ist«, entschloss sich sein Bruder 1730, »sothane Capelln zu der Ehre Gottes und schuldigsten Danksagung der mit göttlichem Beistandt erworbenen, von dem meinigen *(Vermögen)* aufzubauen.« Auch ihm ging es darum, die Leute »die Sondeg und Feirdeg von dem Miessiggang ab zu halten.« Zum Patrozinium wählte er das Gnadenbild der Muttergottes in Kloster Einsiedeln, dessen Kirche die Asams 1724 bis 1727 aufs Prachtvollste ausgestattet hatten. Zum Einsiedelner Gnadenbild hatte er eine ganz besondere Zuneigung gefasst. Welch Ironie, dass ausgerechnet dieses Gnadenbild, das dem Anwesen seinen Namen »Asamisch-Einsiedel-Tal« gab, für den Untergang der 1730 errichteten Kapelle verantwortlich war. Denn 1803 erschien es der »Churfürstlichen Landesdirection von Baiern« als so anstößig, dass man, um »diesen Unsinn nicht länger zu dulden ... die besagte Kapelle demolliert wißen« wollte – bis 1808 waren ihre letzten Überreste verschwunden. Die Kopie des Einsiedelner Gnadenbilds hat indes die Zerstörung überstanden und steht als ›Schwarze Madonna‹ in der Alten Sollner Kirche St. Johann Baptist (München, Herterichstraße 54).

Den Dachstuhl des dreigeschossigen Hauptgebäudes baute Cosmas Damian um 1729/30 mit einem großen Zwerchbau zu seinem Malereratelier aus (der heutige ›Barock-Saal‹). Alle Seiten

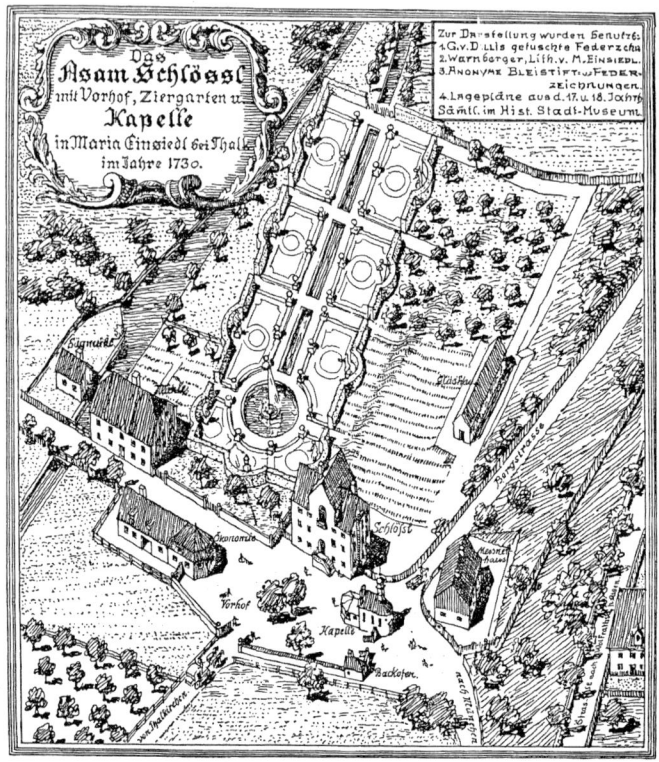

Rekonstruktion des Asam-Schlössls in Thalkirchen von Josef Rank 1940, aus: Der Zwiebelturm 13 (1958), 191

des Hauses verzierte er mit Fresken, die einem Künstlerhaus angemessen waren. Aus der Zerstörung im Zweiten Weltkrieg sind sie als gelungene Rekonstruktionen wiedererstanden. Das Schlössl dient seit 1993 als Speiselokal, schon 1838 war an seiner Ostseite eine beliebte Ausflugsgaststätte entstanden.

»Meist geschmacklos verziert«

Die Fassadenmalerei am Thalkirchener Schlössl war nicht die einzige, die Cosmas Damian ausführte. 1715 schon verlieh er der Fassade des Wohnhauses des Handelsherrn Franz de Paula Claudius Cler in der Münchner

Das Asam-Schlössl in Thalkirchen, um 1930. Die Fassadenmalereien von Cosmas Damian Asam vermischen Religiöses – den hl. Michael, die Gottesmutter und Moses – und Erinnerungen an die italienische Kunst – im so genannten Borghesischen Fechter neben Moses – mit Sinnbildern der Kunst wie Architektur, Architekturmalerei, Studium und Nachahmung der Natur, Ausschmückung, Schönheit und Zierde. Die im Zweiten Weltkrieg zerstörten Fresken wurden 1981/82 von Karl Manninger rekonstruiert

Kaufingerstraße 3 eine Fassadendekoration nach einem älteren Vorbild und 1725 führten seine Vettern Franz Lorenz und Josef Anton Stuber die Außenbemalung des Freisinger Doms – Fassade, Langhausseiten und Türme – nach seinen Entwürfen aus.

Im späteren 18. Jahrhunderts betrachtete man diese Art der Fassadengestaltung als altmodisch. Ein anonymer Besucher urteilte 1778: »Auch das Innere Münchens konnte den üblen Eindruck nicht entfernen: Winkliche Gassen, alte, häßliche, oft freskogemalte Häuser mit vorspringenden Giebeln, an denen nichts weiter zu bewundern ist als die Menge der Fenster; die bessern altväterisch mit Stucco und meist geschmacklos verziert ... Hier ist Alterthümliches ohne Pracht und Sauberkeit, und daher ohne Reiz ...«.

SENDLINGER STRASSE: DAS BEDEUTENDSTE KÜNSTLERHAUS DES 18. JAHRHUNDERTS

Mit keinem anderen Münchner Haus ist der Name Asam enger verbunden als mit Egid Quirins Asams Stadtresidenz in der alten Sendlinger Gasse (heute Sendlinger Straße 32–36, früher: Sendlinger Straße 60, Haus A, B, C).

1729 beantragte Egid Quirin bei Kurfürst Karl Albrecht Hofschutz, der ihn von allen bürgerlichen Steuern befreit hätte. Der Kurfürst machte zur Bedingung, dass sich der Künstler in der geplanten Karlstadt nahe Nymphenburg ein Haus kaufte. Der ließ sich darauf jedoch nicht ein, verzichtete auf den Hofschutz und erwarb noch im gleichen Jahr in der Sendlinger Straße ein spätmittelalterliches Doppelanwesen von den Erben des Johann Adrian Kray, von dem Cosmas Damian auch das Thalkirchener Schlössl gekauft hatte. Die stolze Summe von 8000 fl. musste ihm Cosmas Damian vorstrecken. Erst 1734 konnte Egid Quirin es seinem Bruder abkaufen.

Aus dem Umbau der beiden Häuser entstand das eigentliche Wohnhaus, neben dem Egid Quirin eine kleine Johann-Nepomuk-Kapelle bauen wollte. 1731 reichte er den Bauplan ein und ersuchte bei Fürstbischof Johann Theodor von Freising und Kurfürst Karl Albrecht um die Baugenehmigung. Da die Anwohner der Sendlinger Gasse aber eine größere Kirche wünschten, zogen sich die Verhandlungen bis ins Jahr 1733 hin. Egid Quirin kaufte nach der Erteilung der Baugenehmigung für 5310 fl. das Grundstück für den Kirchenbau, dessen Grundsteinlegung am 6. Mai 1733 in Anwesenheit des sechsjährigen Kurprinzen Maximilian III. Joseph stattfand. Unmittelbar darauf erwarb Cosmas Damian für 5500 fl. das nach Osten anschließende Nachbargrundstück (heute Sendlinger Straße 32) für den Bau des Priesterhauses und verkaufte es sogleich an Dr. Philipp Franz Lindtmayr, den Direktor der Freisinger Priesterhäuser. Das Haus wurde 1771 abgebrochen und 1772 erneuert.

Egid Quirin beerbte 1739 seinen Bruder; nach seinem eigenen Tod traten seine fünf noch lebenden Verwandten bzw. die Klöster, in denen sie lebten, das Erbe an: Fürstenfeld für den ältesten Bruder Philipp Emanuel, das Ridlerkloster für die Schwester Maria Anna Theresia, das Ursulinenkloster in Straubing für die Nichte Maria Anna Theresia, außerdem seine Nichte Eva Elisabeth Maria Katharina (Caty) Knechtl und sein Neffe Franz Erasmus. Wohnhaus und Kirche gingen nach einem Zwischenbesitzer 1762 für immerhin 14 000 fl. an die Priesterhausstiftung. Nur fünf Jahre später erlosch der Name Asam als Hausbesitzer in München.

Im Laufe der Jahre entstand hier ein bauliches Ensemble aus zwei Häusern und einer Kirche, das selbst beim Adel in der kurfürstlichen Residenzstadt seinesgleichen suchte. Egid Quirin Asam trat in der Sendlinger Straße wie kein anderer Künstler seiner Zeit auf. Weder das Haus des Hofmaurermeisters Johann Baptist Gunetzrhainer (Promenadeplatz 15) noch das des Hofbildhauers Johann Baptist Straub (Hackenstraße 10), in dem später dessen Schwiegersohn Roman Anton Boos lebte, und auch nicht das Wohnhaus von Ignaz Günther (St.-Jakobs-Platz 15) konnten damit auch nur annähernd in Konkurrenz treten.

Um 1735 verlieh Egid Quirin seinem Wohnhaus eine stuckierte Fassade, die es zum bedeutendsten Künstlerhaus des 18. Jahrhunderts machte. Im Bildprogramm – aus der Fassadenmalerei ist Fassadenstuck geworden – zeigt sich die gleiche Verschränkung religiös-christlicher und heidnisch-antiker Bildsprache und Symbolik wie im Schlössl zu Thalkirchen. Auf der linken

Die »Residenz« Egid Quirin Asams in der Sendlinger Straße zu München, rechts das im Kern spätgotische Wohnhaus, in der Mitte die Fassade der Johann-Nepomuk-Kirche, links das 1772 erneuerte Priesterhaus

Seite, die das Leben des Künstlers symbolisiert, führt Pallas Athene, die Göttin der Kunst, begleitet von Fama, der Göttin des Ruhmes, das strebsame Menschenkind die steilen Stufen hinauf in den Parnass, den Berg bei Theben, der als Sitz der Musen galt, der Beschützerinnen der Künste und Wissenschaften. Sie stehen unter dem Schutz des darüber thronenden Gottes Apollo, in dem die griechische Sage den Erfinder der Musik und der Dichtung und den Gott des Lichtes sah.

Pallas Athene führt das Menschenkind zum Sitz der Musen. Ausschnitt aus der Fassade des Asam-Hauses in der Sendlinger Straße, Egid Quirin Asam, um 1735

Die rechte Fassadenhälfte mit dem spätgotischen Erker und der Hauseinfahrt ist dem christlichen Glauben gewidmet, der für Egid Quirin Asam stets die Quelle seiner Kunst und Schaffenskraft und zugleich, wie er selbst zugab, seines Vermögens war. Die geschnitzten Türflügel (heute im Diözesanmuseum Freising) versinnbildlichen die Überwindung der Erbsünde und den Sieg über den Tod. Die beiden vollplastischen Hermenfiguren am Portal verkörpern Poesie und Musik. Über dem Portal stehen drei Putti für die Trias der Asam'schen Künstlerschaft aus Architektur, Plastik und Malerei. Im Erker gab es ein Bild des hl. Josef, darüber prangt das Stuckrelief der Gottesmutter.

Mit einer großen Stuckgirlande ist das Wohnhaus mit der Kirche verbunden, deren Bau 1733 begann, deren Vollendung aber keiner der Brüder erlebte. Neben der Gottesmutter als der Beschützerin Bayerns wählte Egid Quirin als Patron den 1729 heiliggesprochenen Johannes Nepomuk, den Schutzherrn Böhmens und Bayerns.

Eine Reliquie Johann Nepomuks
Egid Quirin wünschte sich für sein ›Kircherl‹ natürlich auch »einen anselhigen Particul dises großen Martyrers und erkisnen *(erwählten)* Bayr. Landtspatrons«. Über den Handelsmann Augustin Neureuther konnte Cosmas Damian in Prag, wo er zu jener Zeit wiederholt arbeitete, eine Reliquie bekommen. Im Gegenzug nahm er Neureuthers Sohn Wenzel als Lehrling auf (1736–38), der unter anderem an der Ausmalung der Klosterbibliothek von St. Emmeram in Regensburg beteiligt war. 1737 kam die Reliquie nach München. Bis 1913 stand im Hausgarten des Asamhauses eine große, halbrund überwölbte Bildnische oder Kapelle mit der Figur des Johannes Nepomuk von der Hand Egid Quirins. Die Figur steht jetzt im Innenraum des Hauses.

Die Kunst, in eine enge Baulücke eine Kirche einzufügen, die ihre Umgebung überragt und mit ihrer Fassade einen unübersehbaren und repräsentativen Akzent in eine lange Straße setzt, hatten die Asams in Rom kennengelernt.

Noch heute verstört die in den Straßenraum vortretende Kirchenfassade durch die Felsen, auf denen sie zu ruhen scheint, ein Motiv, das Egid Quirin bereits in Weltenburg angewandt hatte. Etwas für die Wirkung der Fassade ganz Entscheidendes wurde nicht realisiert: Zwei Brunnen sollten hier noch entstehen. Dies verweist einerseits auf ein konkretes römisches Vorbild, auf die Via delle Quattro Fontane, die Straßenkreuzung mit den vier Brunnen und Borrominis Meisterwerk der kleinen Kirche S. Carlino, deren Fassade in ganz ähnlicher Form wie die von St. Johann Nepomuk geschwungen ist. Die Felsen weisen andererseits auch nach Prag, wo die von Kilian Ignaz Dientzenhofer 1730 bis 1739 erbaute Titelkirche des Johannes Nepomuk den Namen St. Johann »na skalce« – am Felsen – trägt.

Die an der römischen Kunst geschulte Dekorationskunst der Asams kam in ihrem gemeinsamen Kirchenbau zu einem Höhepunkt. In der Zweigeschossigkeit des Innenraums mit der umlaufenden Empore vertritt sie formal nichts Geringeres als den Bautyp der Hof- oder Schlosskapelle – und das auf höchstem Niveau. Mit St. Johann Nepomuk konnte sich in München keine der kurfürstlichen Hofkapellen messen, weder die Reiche Kapelle in der Residenz noch die Große Kapelle und die Kammerkapelle in Schleißheim. Vielmehr steht sie auf Augenhöhe mit der zeitgleich erbauten Hofkirche Balthasar Neumanns in der Würzburger Residenz.

Auch wenn die Brüder Asam für die beiden Häuser und die Kirche natürlich kein Honorar bekamen, so verschlang der Bau doch gewaltige Summen, die Egid Quirin an die Grenzen seiner finanziellen Mittel gebracht haben dürften. Zu den Grundstückskosten von 5310 fl. kamen die kompletten Baukosten; die Materialien wie Steine, Sand, Kalk und Gips, das Holz für den Dachstuhl, die Emporen, Altäre, das Gestühl und die Gerüste, Farben und Blattgold mussten bezahlt werden; Fuhrleute, Gehilfen und Gesellen arbeiteten ebenso wenig umsonst wie die Maurer, Schreiner, Glaser, Schmiede oder Johann Michael Fischer, den Egid Quirin wahrscheinlich als bürgerlichen Maurermeister und Bauunternehmer für den Rohbau anstellte. 1735 lieh sich Egid Quirin bei seinem Schwager Johann Baptist Ettenhofer Geld, das er 1738 zurückzahlen sollte und deswegen er den Propst von St. Peter zur Auszahlung seines seit Jahren ausstehenden Honorars drängte (siehe S. 107).

Egid Quirin wollte in der Gruft seines ›Kircherls‹ beigesetzt werden. Doch das Schicksal bestimmte es anders: Seine letzte Ruhe fand er fern der Heimat, in Mannheim.

Cosmas Damian als Grundstückspekulant

1732 erwarb Maria Anna Mörl (siehe S. 76f.) das Haus Kaufinger Straße 25. Ihr Schwiegersohn Cosmas Damian kaufte ihr das Haus am 11. Januar 1738 für 14 000 fl. ab und verkaufte es zwei Monate später mit einem satten Gewinn von 2000 fl. an den kurfürstlichen Kämmerer Johann Emanuel von Benzenau.

10 Der Familienbande letzter Teil: Die Kinder

MARIA ANNA THERESIA ASAM, DIE NONNE ALS KÜNSTLERIN

Cosmas Damians älteste Tochter Maria Anna Theresia (1721 bis 1771) hatte ohne Zweifel eine künstlerische Ader, die sie jedoch nie richtig entfalten konnte; sie erinnert hierin an die niederbayerische Malerin Berta Hummel, deren großes Talent durch den Eintritt ins Kloster auch auf eine sehr schmale Bahn gelenkt wurde. Von ihrem Vater war Anna Theres schon früh für das Klosterleben bestimmt worden. Zunächst wollte er sie in Kloster Hohenwart bei Pfaffenhofen an der Ilm unterbringen und war anfangs auch bereit, dafür die Klosterkirche auszuzieren. Als dieses Vorhaben scheiterte, gelang es der Äbtissin des Ursulinenklosters in Straubing, Maria Magdalena von Empach – sie war die Tochter eines Münchner Bürgermeisters –, die Brüder Asam für die Ausstattung der Klosterkirche zu gewinnen. Es wurde ein gutes Geschäft: Cosmas Damian schickte seine beiden Töchter Anna Theres und Caty als Pensionatsschülerinnen dorthin; die ältere wurde wie erhofft Novizin und trat 1740 ins Kloster ein, während ihre Schwester 1745 den kurfürstlichen Hof- und Feldtrompeter Caspar Knechtl heiratete. Der Vater sollte die Summe von 2000 fl. Mitgift und 1000 fl. für die Einkleidung entrichten. Anstatt das Geld in bar zu bezahlen, erklärte er sich zur Ausmalung der Kirche bereit, nachdem sich die Brüder Asam

Sr. Johanna Nepomucena (Maria Anna Theresia Asam). Selbstbildnis, nach 1740. Straubing, Ursulinenkloster

Klosterschülerinnen widmen sich der Kunst. Ausschnitt aus dem Deckengemälde in der Straubinger Ursulinenkirche, von Cosmas Damian Asam, 1738. Handelt es sich um die Portraits seiner Töchter Anna Theres und Caty und ihrer verstorbenen Mutter Maria Anna?

mit der Äbtissin 1736 schon auf ein Honorar von 4000 fl. geeinigt hatten. Die Äbtissin war im Gegenzug bereit, im Falle des frühen Todes der jungen Frau die 3000 fl. in bar an Cosmas Damian zurückzuzahlen. Über der Ausstattung starb er 1739 und erlebte den Eintritt der 17-jährigen Tochter nicht mehr. Ihr Erbteil ging an das Kloster, das so zu einigen Werken aus dem Nachlass Cosmas Damians kam.

Im Deckenbild der Ursulinenkirche von 1738 gibt es eine Szene, in der sich zwei Klosterschülerinnen der Kunst widmen; in den beiden fein gekleideten Mädchen würde man gerne die Töchter Cosmas Damians erkennen, von denen die eine 16 und die andere acht Jahre alt war, als sie 1737 als Pensionatsschülerinnen ins Kloster kamen. Die Personifikation der Kunst, in deren Obhut sich die beiden begeben, könnte die Portraitzüge ihrer Mutter oder ihrer Stiefmutter tragen.

Maria Anna Theresia erhielt den Ordensnamen Schwester Maria Johanna Nepomucena wohl deshalb, weil die Familie

Asam gegenüber dem 1729 heiliggesprochenen Märtyrer eine besondere Verehrung hegte. Sie muss beim Vater das Malen und beim Onkel das Modellieren gelernt haben. Das Straubinger Ursulinenkloster bewahrt ein Bild, das mit guten Gründen als Selbstportrait der Maria Johanna Nepomucena gilt und das von einer nicht unbegabten Hand zeugt. Vor ihr liegt ein Notenblatt mit dem Beginn der Solostimme des Te Deum und im Hintergrund ist eine Darstellung des hl. Johannes Nepomuk zu sehen, ihres persönlichen Patrons. Möglicherweise war sie Musiklehrerin oder Sängerin wie ihr Onkel Pater Engelbert, der als Chorregent und Komponist in Kloster Fürstenfeld wirkte.

Für das Kloster Niederaltaich schuf sie 1766 eine große Wachsfigur des Johannes Nepomuk auf den St. Anna-Altar der Muttergottes-Kapelle; im Ursulinenkloster gibt es einige Bildwerke, die ihr zugeschrieben werden, außer einem Johannes Nepomuk auch ein Kruzifix aus Papiermaché. Am 23. Oktober 1771 starb sie im Alter von 50 Jahren. Mit ihr ging die Künstlerinnentradition der Asam-Familie zu Ende.

FRANZ ERASMUS ASAM, DER SOHN IM SCHATTEN DES VATERS

Über Franz Erasmus Asam weiß die kunstgeschichtliche Forschung wenig Positives zu berichten: Stets ist von minderer Begabung, Trunk-, Spiel- und Verschwendungssucht die Rede. Das ist das Schicksal eines Sohnes, der immer am Vorbild seines genialen Vaters gemessen wird.

Geboren wurde er in München am 2. Juni 1720, dem Tag des hl. Erasmus, als zweiter Sohn von Cosmas Damian und Maria Anna Asam und in der Frauenkirche auf den Namen Franz Erasmus Quirin Joseph getauft; seine beiden Paten waren der Großvater Franz Anton Mörl und der Onkel Egid Quirin Asam. Ein Talent zum Malen scheint Franzl, wie man ihn in der Familie nannte, gezeigt zu haben, denn sein Vater nahm ihn schon 1728 nach Břevnov mit, wo Pavel Preiss auf dem Deckenbild des Prälatensaals sein Portrait erkannte. Es zeigt einen etwa sieben- bis achtjährigen Buben aus gutem Hause, wie die feine Kleidung verrät.

Franz Erasmus ging beim Vater in die Lehre, denn im Sommer 1735 hielten sich die beiden im Niklaskloster in der Prager Altstadt auf, wohin ihm seine Stiefmutter Maria Ursula einen Gruß schickte: »... an den H. Franzl meinen Gruß, er soll fein fleissig sein und gross werden, daß er einen Herrn agiren kann.« 1737 lebte er mit seinen Eltern in Mannheim. Sein Pate Egid Quirin grüßte und ermahnte ihn in einem Brief: »an Fräntzl vill schens *(viel schöne Grüße)*, soll braf lernen.« Die Schwestern Caty und Anna Theres waren hingegen in München beim Onkel geblieben, der berichten konnte: »sein 2 Schwestern halten sich wohl.« 1738 arbeitete Franzl an der Ausmalung des Chores der Wallfahrtskirche Herrgottsruhe in Friedberg mit, von wo er der Familie »seine gehorsambste schenste Empfelchung nebst seiner Complament allerseits« ausrichten ließ.

Franzls Begabung lag wohl weniger auf dem Gebiet der Freskomalerei, und Cosmas Damian starb zu früh, um die Ausbildung seines 19-jährigen Sohnes hierin vollenden zu können; das merkt man dem Fresko in der Vorhalle der Weltenburger Klosterkirche an. Seine Stärke war die Tafel- bzw. Ölmalerei, an der man die leuchtende Farbigkeit rühmte, die ein väterliches Erbe war. Überliefert wird von ihm, dass er ein bedeutender Künstler hätte werden können, wenn er nicht dem Müßiggang und dem Trunk ergeben gewesen wäre. Seinem Vater scheint er früh Kummer gemacht und Anlass zur Sorge gegeben zu haben, denn anders ist es nicht zu erklären, dass ihm dieser in seinem Testament »aus seinen erheblichen Ursachen« nur 1000 fl. vermachte.

Dennoch versuchte Franzl, »einen Herrn zu agiren«. Zu seiner Hochzeit mit der Bierbrauerstochter Maria Clara Singlspiller 1740 gab er allein 360 fl. für prachtvolle Kleider aus, einen Betrag, für den Bessere als er eine ganze Kirche ausmalten. Zwei Jahre nach dem Tod seiner Eltern erbte er 1741 das Haus in der Theatinerstraße 39 (siehe S. 123). Franzl spürte wohl eine dichterische Ader in sich: Zur Vermählung des Kurfürsten Max III. Joseph mit Maria Anna von Sachsen dedizierte er dem Brautpaar als »der sich seiner Treu erinnernde Vasal« Franciscus Erasmus Asam, Studiosus, ein umfangreiches und recht gelehrtes Lobgedicht, geschmückt mit einer eigenhändigen Titelvignette und sprachlich nicht schlechter als viele andere dieser Art – damit wollte er sich dem Kurfürsten empfehlen. Es scheint funktioniert zu haben, denn in diesem Jahr erhielt er den Ehrentitel eines kurfürstlichen Kammerdieners und war seitdem hofbefreiter Maler. 1765 bewarb sich Franz Erasmus in München vergeblich um die Nachfolge des Hofmalers und Galerieinspektors Balthasar Augustin Albrecht (1687–1765).

Im Laufe der Jahre war Franz Erasmus immer tiefer in Schulden geraten, sodass sein Wohnhaus schließlich um 1760 auf die ›offene Gant‹ kam, also zwangsversteigert wurde. Nach drei Zwischenbesitzern erwarb es schließlich am 17. März 1761 seine Frau, die hofbefreite Malerin Maria Clara Asam, die es bis 1767 behielt. Die Kaufsumme von 4948 fl. 32 kr. muss aus dem elterlichen Singlspiller-Vermögen gekommen sein; auffallend ist, dass das Haus von den Vorbesitzern entgegen jeder Gewohnheit in kürzester Frist jeweils genau zu diesem Preis weiterverkauft wurde, denn bei Hausverkäufen war ein kräftiger Spekulationsgewinn üblich. Vielleicht wollte man auf diesem Wege den Ansprüchen des Ehemanns oder von Gläubigern entkommen. Wie dem auch sei – Franzl lebte zu dieser Zeit längst nicht mehr in München. Das Haus des Onkels Egid Quirin in der Sendlinger Straße konnte er nicht verjubeln, denn hier war er nur ein Teil einer Erbengemeinschaft (siehe S. 123).

Maria Clara schenkte ihm sieben Kinder, von denen jedoch keines älter als drei Jahre wurde. Die Ehe war nicht glücklich und 1754 oder 1759 scheinen sich die Wege des Ehepaares getrennt zu haben. 1787 erklärte Maria Clara, sie hätte seit 28 Jahren keinen Unterhalt mehr bekommen. Als Frau eines kurfürstlichen Kammerdieners erhielt sie jedoch aus der kurfürstlichen Almosenkasse eine kleine Unterstützung.

Führte er wirklich so ein unstetes Leben, wie seine Biografen behaupten? Längst sind nicht alle seine Werke bekannt, denn es hat sich noch niemand mit seinem Werk intensiver auseinandergesetzt. 1745 schuf er in Kloster Weltenburg das Deckengemälde in der Vorhalle und vollendete vielleicht das

Franz Erasmus Asam im Alter von acht Jahren. Ausschnitt aus dem Deckenbild im Prälatensaal von Kloster Břevnov, von Cosmas Damian Asam, 1728

Chorfresko. Es ist nicht ausgeschlossen, dass er nach dem Tode Egid Quirins auch noch in der Münchner Johannes-Nepomuk-Kirche mitarbeitete.

Um die Mitte des Jahrhunderts zog Franz Erasmus nach Bamberg, wo er längere Zeit gewohnt haben soll. Sicherlich half ihm sein berühmter Name, dass das Zisterzienserkloster Schöntal an der Jagst im Hohenloher Land ein wichtiger Auftraggeber wurde. Nach der Vollendung der Konventsgebäude 1749 erhielt er 1753 oder 1754 den Auftrag zur Ausmalung des Festsaals, die in der Säkularisation überputzt wurde.

1756 zog Franz Erasmus für ein Jahr nach Würzburg, wohin die Familie Asam bekanntlich lang zurückreichende Beziehungen hatte: Johann Philipp Bornschlegel, der erste Mann seiner Tante Maria Salome, stammte von dort. Im Mainfränkischen eröffnete sich ihm sein künftiges Tätigkeitsfeld. 1758 begegnet er uns im Prämonstratenserkloster Oberzell am westlichen Stadtrand von Würzburg, dessen Klostergebäude von Balthasar Neumann und seinem Sohn Franz Ignaz Michael erbaut wurden – ob er den Meister persönlich kennenlernte? Nicht nur im Bistum Würzburg, sondern auch im benachbarten Erzbistum Mainz wurde er aktiv. Um 1760, als in München seine wirtschaftliche Misere eskalierte, lieferte er zwei Altarbilder in die Kirche des Benediktinerklosters Amorbach südlich von Miltenberg; im gleichen Jahr schuf er das Hochaltarblatt mit dem Pfingstwunder in der Wallfahrtskirche Mariae Heimsuchung in Eckartshausen südwestlich von Schweinfurt. In Walldürn, südwestlich von Tauberbischofsheim, befindet sich ein Tafelbild von seiner Hand, ebenso ein Altarblatt im sächsischen Niederau östlich von Meißen. 1781 schuf er ein Altarblatt für das Zisterzienserkloster St. Marien zu Bronnbach, nördlich von Tauberbischofsheim. Aus dem Jahr 1783 sind seine letzten Werke bekannt, ein (verschollenes) Altarblatt in Hartheim bei Mosbach und das Bild für den Hochaltar der neu erbauten Pfarrkirche in Oberkessach bei Schöntal, für das er 30 fl. erhielt. Dass in der Zeit des aufkommenden Klassizismus die Aufträge für einen Künstler, der in der Zeit des Spätbarocks gelernt hatte, weniger wurden, liegt auf der Hand.

In seinen letzten zwölf Lebensjahren soll er gelähmt gewesen sein, vielleicht infolge eines Schlaganfalls? Schöntal wurde ihm zum Wohnsitz. Verarmt ist er dort am 18. September 1795 im 76. Lebensjahr gestorben und beigesetzt worden. Seine Frau Maria Clara überlebte ihn um drei Jahre und wurde Anfang Juli 1798 auf dem Münchner Südfriedhof beerdigt. Ob sie sich seit seinem Weggang von München jemals wiedergesehen haben, wissen wir nicht.

Wenn man das Ende seiner Tätigkeit im Jahr 1783 annimmt, erlosch mit Franz Erasmus nach ziemlich genau einem Jahrhundert die künstlerische Tradition der Familie Asam, die 1681 mit Georg Asams erstem Großauftrag in Benediktbeuern begonnen hatte.

Genealogie der Familie Asam

(nach Gustav Mutter)

Georg Asam 1649–1711 ⚭ 1680 Maria Theresia Prugger 1657–1719
    Simon Emanuel 1681– ?
    Philipp Emanuel (P. Engelbert) 1683–1752
    Maria Salome 1685–1740 ⚭ (1) 1721 Johann Philipp Bornschlegel 1699– 1734 ⚭ 1739 (2) Johann Adam Schmidt ? –1746
    Cosmas Damian 1686–1739
    Joseph 1688–1695
    Georg Michael 1689–1692
    Joseph Nikolaus 1692–1692
    Egid Quirin 1692–1750 ledig
    Anna Theresia 1694– ?
    Melchior Viktor 1696–1696
    Maria Anna 1698–1701
    Maria Anna Theresia (Schwester Michaelina) 1701– nach 1769

Cosmas Damian Asam 1686–1739 ⚭ 1) 1717 Maria Anna Mörl 1699–1731 (10 Kinder) ⚭ 2) 1732 Maria Ursula Ettenhofer 1710–1739 (3 Kinder)
    Franz Cosmas 1718–1718
    Maria Anna Elisabeth 1719– ?
    Franz Erasmus Quirin 1720–1795
    Maria Anna Theresia (gen. Anna Theres, Chorfrau Johanna Nepomucena) 1721–1771
    Jakob Christoph Egid 1722–1722
    Joseph Egid 1723– ?
    Rochus Johann von Nepomuk 1725– ?
    Johann Peter Paul Procopius 1727–1727
    Maria Eva Elisabeth Katharina (gen. Caty) um 1729–1761
    Maria Margarete Apollonia 1731–1731
    Johann Nepomuk Cosmas Damian 1733–1733
    Maria Anna Magdalena 1734–1734
    Maria Clara 1735–1738

Franz Erasmus Quirin Asam 1720–1795 ⚭ 1740 Maria Clara Singlspiller 1721–1798
    Maria Johanna Nepomucena 1741–1743
    Quirin Korbinian 1742–1742
    Egid Albert 1743–1744
    Johanna Philippina 1745–1746
    Josef Johann Nepomuk 1746–1747
    Georg Kajetan 1747– ?
    Franz de Paula Georg 1749–1750

Maria Eva Elisabeth Katharina Asam um 1729–1761 ⚭ 1745 Kaspar Knechtl um 1719–1782
    Johann Josef Caspar 1746–1746
    Maria Magdalena 1747– ?
    Johann Baptist 1749–1749
    Maria Walburga 1750–1788 ledig, dreifach gebrechlich
    Johann Jakob Anton 1751–1751
    Maria Anna 1752–1753
    Johann Kajetan Ferdinand 1754–1831 ⚭ 1) 1785 Maria Anna Fendt 1766–1807 (6 Kinder) ⚭ 2) 1807 Clara Franz um 1766–1829
    Anna Maria 1755–1755 Zwilling von 9 namenlos
    namenlos 1755–1755, Zwilling von 8. AnnaMaria
    Johann Seraphin Joseph Nikolaus 1757–1758
    Anna Maria Clara Eva Rosalia 1758– ?
    Maria Anna Eva 1759– ?
    Maria Katharina Emerentia 1761–1769

Werkverzeichnis

Es sind aus Platzgründen nur die ›wandfesten‹ Arbeiten aufgenommen, nicht die Altarbilder, Gemälde, Skulpturen und Entwürfe. Zerstörte Werke sind *kursiv* gesetzt, einen Anspruch auf Vollständigkeit erhebe ich nicht.

Jahr	Cosmas Damian Asam	Egid Quirin Asam
1702	**St. Coloman,** Handlangerarbeiten	
1704	**Schönach,** Schloss (Mitarbeit)	**Schönach,** Schloss (Mitarbeit)
1705	**Schönach** Schloss (Mitarbeit) **Alteglofsheim,** Gartensalet (Mitarbeit) **Frauenbrünnl**, Wallfahrtskirche (Mitarbeit)?	**Frauenbrünnl**, Wallfahrtskirche (Mitarbeit)?
1706	**Frauenbrünnl**, Wallfahrtskirche (Mitarbeit)?	**Frauenbrünnl**, Wallfahrtskirche (Mitarbeit)?
1707	**Straubing,** St. Jakob, Krippe **Frauenbrünnl**, Wallfahrtskirche (Mitarbeit)?	**Frauenbrünnl**, Wallfahrtskirche (Mitarbeit)?
1708	**Schnaittach,** Pfarrkirche (Altarfassung, wohl von Maria Theresia Asam ausgeführt)	
1709	**Freystadt,** Wallfahrtskirche Maria-Hilf	**Freystadt,** Wallfahrtskirche Maria-Hilf
1710	**Freystadt,** Wallfahrtskirche Maria-Hilf **Weihenstephan,** Festsaal	**Freystadt,** Wallfahrtskirche Maria-Hilf **Weihenstephan**, Festsaal
1711		**Sulzbach**, Fassungen Lehre bei Faistenberger
	Italienaufenthalt	
1712	Italienaufenthalt	Lehre bei Faistenberger
1713	Italienaufenthalt	Lehre bei Faistenberger
1714	**Ensdorf**, Klosterkirche, Chor **Weltenburg**, Frauenbergkirche **München**, Dreifaltigkeitskirche **Wettenhausen**, Friedhofskirche, Deckenbild	Lehre bei Faistenberger

Jahr	Cosmas Damian Asam	Egid Quirin Asam
1715	**Ensdorf**, Klosterkirche, Chor **München**, Dreifaltigkeitskirche *München, Claudi-Cleer-Haus* *Regensburg, Jesuitenkirche St. Paul* *Regensburg, Kapuzinerkloster* *Regensburg, Augustinerkirche*	Lehre bei Faistenberger
1716	**Ensdorf**, Klosterkirche, Langhaus **Amberg**, Maria Hilf **Michelfeld**, Klosterkirche, Mönchschor **Weltenburg**, Klosterkirche *Regensburg, Jesuitenkirche St. Paul* *Regensburg, Kapuzinerkloster* *Regensburg, Augustinerkirche* **Günching**, Pfarrkirche St. Maria	Lehre bei Faistenberger **Amberg**, Maria Hilf? **Michelfeld**, Klosterkirche? **Weltenburg**, Klosterkirche *Regensburg, Kapuzinerkloster*
1717	**Amberg**, Mariahilf **Michelfeld**, Klosterkirche **Weltenburg**, Klosterkirche	**Rohr**, Klosterkirche **Michelfeld**, Klosterkirche **Weltenburg**, Klosterkirche
1718	**Amberg**, Mariahilf **Michelfeld**, Klosterkirche **Walderbach**, Kloster, Konventbau **Weingarten**, Klosterkirche	**Rohr**, Klosterkirche **Aldersbach**, Klosterkirche **Weltenburg**, Klosterkirche **Michelfeld**, Klosterkirche?
1719	(um **Hohenfels**, Pfarrkirche **Kißlegg**, Friedhofskapelle St. Anna **Weingarten**, Klosterkirche	**Rohr**, Klosterkirche **Aldersbach**, Klosterkirche **Michelfeld**, Klosterkirche?
1720	**Weingarten**, Klosterkirche **Aldersbach**, Klosterkirche *(um 1720) Weihenstephan, Korbinian-Kapelle* **Michelfeld**, Klosterkirche (um 1720) **Hohenfels**, Pfarrkirche St. Ulrich	(um 1720) **Weißenohe**, Pfarrkirche **Aldersbach**, Klosterkirche **Weihenstephan**, *Korbinian-Kapelle* **Rohr**, Klosterkirche **Michelfeld**, Klosterkirche

Jahr	Cosmas Damian Asam	Egid Quirin Asam
1721	**Aldersbach**, Klosterkirche **Schleißheim Schloss**, Treppenhaus (oder 1720?) **Schleißheim Schloss**, Maximilianskapelle **Weltenburg**, Klosterkirche, Hauptfresko	**Rohr**, Klosterkirche **Michelfeld**, Klosterkirche **Weltenburg**, Klosterkirche, Hauptaltar
1722	**Innsbruck**, St. Jakob **Fürstenfeld**, Klosterkirche, Chor **Metten**, Klosterkirche, Presbyterium ***Lichtenberg am Lech,** Schloss*	**Innsbruck**, St. Jakob **Fürstenfeld**, Klosterkirche, Sebastiansaltar **Rohr**, Klosterkirche **Weltenburg**, Klosterkirche, Hauptaltar
1723	**Innsbruck**, St. Jakob **Fürstenfeld**, Klosterkirche, Chor **Freising**, Dom	**Rohr**, Klosterkirche **Weltenburg**, Klosterkirche, Hauptaltar **Freising**, Dom
1724	**Schleißheim Schloss,** südliche Antecamera **Freising**, Dom **Einsiedeln**, Klosterkirche (ab 1724) **Thalkirchen**, Asam-Schlössl	**Freising**, Dom **Einsiedeln**, Klosterkirche
1725	**Einsiedeln**, Klosterkirche **Kladrau**, Klosterkirche	**Einsiedeln**, Klosterkirche (um) **Benediktbeuern**, Anastasiakapelle
1726	**Einsiedeln**, Klosterkirche **Kladrau**, Klosterkirche	**Einsiedeln**, Klosterkirche **Kladrau**, Klosterkirche (M)
1727	**Einsiedeln**, Klosterkirche **Kladrau**, Klosterkirche **Prag**, Wallfahrtskirche Weißer Berg ***München**, Heilig-Geist-Kirche* *(bis 1730)*	**Kladrau**, Klosterkirche ***München**, Heilig-Geist-Kirche* *(bis 1730)*
1728	**Břevnov**, Prälatensaal des Klosters **Prag**, Wallfahrtskirche Weißer Berg ***Mannheim**, Schlosskirche* ***Bruchsal**, Hofkirche*	**Břevnov**, Prälatensaal des Klosters

Jahr	Cosmas Damian Asam	Egid Quirin Asam
1729	(um) **Gotteszell**, Klosterkirche **Bruchsal**, Hofkirche **Mannheim**, Schloss, Rittersaal **München**, St. Anna am Lehel **Thalkirchen**, Asam-Schlössl mit Kapelle	(um) **Gotteszell**, Klosterkirche **Alteglofsheim**, Salet **Osterhofen**, Klosterkirche **München**, St. Anna im Lehel
1730	**Alteglofsheim**, Salet u. Endymion-Zimmer **Mannheim**, Schloss, Haupttreppenhaus **München**, St. Anna im Lehel **München**, Thalkirchen, Asam-Schlössl	(um 1730) **München**, St. Peter **München**, St. Anna im Lehel **Osterhofen**, Klosterkirche
1731	**Alteglofsheim**, Salet? **Fürstenfeld**, Klosterkirche, Langhaus **Osterhofen**, Klosterkirche	**Alteglofsheim**, Salet **Osterhofen**, Klosterkirche **Regensburg**, St. Emmeram, Klosterkirche
1732	**Osterhofen**, Klosterkirche **Ettlingen**, Schlosskapelle **Regensburg**, St. Emmeram, Klosterkirche	**Osterhofen**, Klosterkirche (Hauptaltar) **Regensburg**, Augustinerrefektorium **Regensburg**, St. Emmeram, Klosterkirche
1733	**Ettlingen**, Schlosskapelle **Regensburg**, St. Emmeram, Klosterkirche **Wahlstatt (Schlesien)**, Klosterkirche	**München**, St. Johann Nepomuk **Regensburg**, St. Emmeram, Klosterkirche **Osterhofen**, Klosterkirche
1734	**Weltenburg**, Klosterkirche Querhaus, Altarraum, Psallierchor **Innsbruck**, Landhaussaal **Ingolstadt**, Kongregationskirche Maria de Victoria (um) **Ingolstadt**, Sacellum »sup humidum« **München**, Klosterkirche St. Anna **Meßkirch**, St. Johannes-Kapelle **Pirkensee**, Schlosskapelle?	**München**, St. Johann Nepomuk, Asamhaus **Osterhofen**, Klosterkirche (Seitenaltäre) **Ingolstadt**, Kongregationskirche Maria de Victoria (um) **Ingolstadt**, Sacellum »sup humidum« **München**, Klosterkirche St. Anna **Meßkirch**, St. Johannes-Kapelle **Pirkensee**, Schlosskapelle?

Jahr	Cosmas Damian Asam	Egid Quirin Asam
1735	**Weltenburg**, Klosterkirche Querhaus, Altarraum, Psallierchor **Prag**, Sankt Niklas in der Altstadt **Meßkirch**, St. Johannes-Kapelle **München**, St. Johann Nepomuk ***München**, KlosterkircheSt. Anna*	**Weltenburg**, Klosterkirche, Seitenaltäre, Vorhalle *(um 1735)* **Ingolstadt**, *Pfarrkirche U.L.Frau, Corpus-Christi-Kapelle, Altar* *(um 1735)* **Ingolstadt**, *Sacellum »sup humidum«* **Meßkirch**, St. Johannes-Kapelle **München**, St. Johann Nepomuk und Wohnhaus **Osterhofen**, Klosterkirche, Seitenaltäre, Kanzel
1736	**Weltenburg**, Klosterkirche Querhaus, Altarraum, Psallierchor **Prag**, Sankt Niklas in der Altstadt **Meßkirch**, St. Johannes-Kapelle **München**, St. Johann Nepomuk **Straubing**, Ursulinenkirche	**Weltenburg**, Klosterkirche, Seitenaltäre, Vorhalle **Prag**, Sankt Niklas in der Altstadt? **Strädisch** (mit Maria Salome) **München**, St. Johann Nepomuk **Straubing**, Ursulinenkirche
1737	**Meßkirch**, St. Johannes-Kapelle **Regensburg**, St. Emmeram, Bibliothek **München**, St. Johann Nepomuk **Frauenzell**, Klosterkirche (?) **Mannheim**, Jesuitenkirche	**Straubing**, Ursulinenkirche **Sandizell**, Pfarrkirche, Altäre (?) **Friedberg**, Wallfahrtskirche, Chorkuppel (?)
1738	**München**, St. Johann Nepomuk **Friedberg**, Wallfahrtskirche **Straubing**, Ursulinenkirche	**Meßkirch**, Schloss **Meßkirch**, Johann-Nepomuk-Kapelle? **Straubing**, Ursulinenkirche
1739	**München**, St. Johann Nepomuk **Straubing**, Ursulinenkirche	**München**, St. Johann Nepomuk **Straubing**, Ursulinenkirche **Straubing**, St. Jakob, Altar der Mariä-Tod-Kapelle **Meßkirch**, Schloss **Meßkirch**, Johann-Nepomuk-Kapelle? **München**, St. Lorenz **Regensburg**, St. Emmeram, Bibliothek? (um) **Neustadt a. D.** (Stuckfigur Johannes Nepomuk)

Jahr	Cosmas Damian Asam	Egid Quirin Asam
1740		**Straubing**, Karmelitenkirche, Altarblatt **Straubing**, Ursulinenkirche
1741		**Straubing**, Ursulinenkirche
1742		***Dorfen**, Pfarrkirche, Chor*
1743		
1744		
1745		
1746		**Fürstenfeld**, Klosterkirche, Entwurf Hauptaltar, 1760–62 ausgeführt **Fürstenfeld**, Klosterkirche, Seitenaltar **Vilshofen**, Pfarrkirche, Figur Johannes Nepomuk
1747		**Sandizell**, Pfarrkirche, Hauptaltar
1748		
1749		**Mannheim**, Jesuitenkirche
1750		**Mannheim,** Jesuitenkirche (von den Gehilfen und Franz Erasmus Asam 1750 vollendet, teilw. zerstört)

Literatur

Die Literatur zu den Brüdern Asam ist sehr umfangreich. Daher sind hier nur diejenigen Werke aufgenommen, die ich tatsächlich zu Rate gezogen habe.

ANGERMÜLLER Rudolph, Mozarts Reisen in Europa (1762–1791), Bad Honnef 2004

AUSSTELLUNGSKATALOG ASAM IN FREISING (= Diözesanmuseum für christliche Kunst des Erzbistums München und Freising, Kataloge und Schriften Bd. 45), Regensburg 2007

AUSSTELLUNGSKATALOG COSMAS DAMIAN ASAM 1686–1739, Leben und Werk. Hgb. von Bruno Bushart und Bernhard Rupprecht, München 1986

AUSSTELLUNGSKATALOG ELECTRINE UND DIE ANDEREN. Künstlerinnen 1700–2000. Hgb. von Angelika Mundorff und Eva von Seckendorff, Fürstenfeldbruck 2008

BLATNER Josef, Entwürfe Egid Quirin Asams zu einer geplanten Neuausstattung der Kirche zum Hl. Grab in Deggendorf, in: Münchner Jahrbuch der Bildenden Kunst N.F. 4 (1927), 87–89

BILLER Josef II., Zur Familiengeschichte der Brüder Asam, in: Ars Bavarica 49/50 (1988), 85–92

BILLER Josef H., Asams Schwager auf künstlerischem Seitensprung. Johann Philipp Bornschlegels Fresken in Schloß Manětin in Böhmen, in: Ars Bavarica 67/68 (1992), 89–97

BRUNNER Herbert, Altar- und Raumkunst bei Egid Quirin Asam, phil. Diss. München 1951

DISCHINGER Gabriele, Zu Leben und Werk der Künstlerfamilie Asam. Quellen aus den Jahren 1727–1738, in: Ars Bavarica 19/20 (1980), 23–46

EGG Erich, Die Schätze Tirols in den Fresken des Innsbrucker Landhaussaales von C. D. Asam, in: Südtirol in Wort und Bild 12 (1968), Nr. 4, 15–20

EGGER Hans Christian, Die Abtei Weltenburg und die Gebrüder Asam – Eine Richtigstellung: Die neue Baugeschichte eines Barockjuwels, Hamburg 2014

FRENZEL Herbert A., Geschichte des Theaters. Daten und Dokumente 1470–1890, München ²1984

GRÜNENWALD Elisabeth, Franz Erasmus Asam und Schöntal. Unveröffentlichtes Typoskript (Hohenlohe-Zentralarchiv Neuenstein GA 98 Nr. 144)

HAFNER Hanno, REMMELE Johann, ZOLLNER Hans-Leopold, Asam im Schloß Ettlingen 1732–1982, Ausstellungskatalog, Ettlingen 1982

HAHN Sylvia, Die Familie Asam, in: Ausstellungskatalog Asam in Freising a.a.O., 9–13

HAHN Sylvia, »Verwundern wurde sich König Salomon über die Kunst der zweyen Gebrüderen. Fünf Asam-Werke aus 30 Jahren in Freising, in: Ausstellungskatalog Asam in Freising a.a.O., 16–53

HALM Philipp Maria, Die Künstlerfamilie der Asam, München 1896

HANFSTAENGL Erika, Cosmas Damian Asam (= Münchener Beiträge zur Kunstgeschichte, Bd. IV), München 1939

HANFSTAENGL Erika, Die Brüder Cosmas Damian und Egid Quirin Asam, München 1955

HANSMANN Wilfried, Balthasar Neumann, Köln 1999

Häuserbuch der Stadt München, Bd. 1 Graggenauer-Viertel. Hgb. Stadtarchiv München, München 1958
Häuserbuch der Stadt München, Bd. 2 Kreuzviertel. Hgb. Stadtarchiv München, München 1960
Häuserbuch der Stadt München, Bd. 3 Hackenviertel. Hgb. Stadtarchiv München, München 1962
Hauttmann Max, Der kurbayerische Hofbaumeister Joseph Effner. Ein Beitrag zur Geschichte der höfischen Kunstpflege, der Architektur und Ornamentik in Deutschland zu Anfang des 18. Jahrhunderts (= Studien zur deutschen Kunstgeschichte 164), Straßburg 1913
Hildebrandt Maria, »... daß es ein schönes Werckh werden solle«. Die Arbeiten der Brüder Asam im Freisinger Dom, in: Ausstellungskatalog Asam in Freising a.a.O., 67–74
Kleynot B. L. von, Das Selbstbildnis Cosmas Damian Asams in Osterhofen, in: Der Zwiebelturm 2 (1947), 325–327
Lehmbruch Hans und Sauermost Heinz-Jürgen, Die Johann-Nepomuk-Gruppe Ägid Quirin Asams, in: Oberbayerisches Archiv 102 (1977), 18–31
Liedke Volker, Marginalien zur Künstlerfamilie Asam, in: Ars Bavarica 19/20 (1980), 13–22
Liedke Volker, Zur Genealogie der Künstlerfamilie Asam, in: Ausstellungskatalog Cosmas Damian Asam a.a.O., 93–100
Liedke Volker, Cosmas Damian und Egid Quirin Asam, Marginalien zum Lebensweg des kongenialen Brüderpaares, in: Ars Bavarica, 61/62 (1990), 129–151
Liedke Volker, Genealogie der Künstlerfamilie Asam, in: Ars Bavarica 61/62 (1990), 152–159
Lohmeyer Karl, Eine Ehrung des Freskomalers Cosmas Damian Asam durch den Kurfürsten Karl Philipp von der Pfalz, in: Mannheimer Geschichtsblätter 14 (1913), 191f.
Menzel P. Beda Franz, Ein Blick in die barocke Welt der Äbte Othmar Zinke und Benno Löbl Břevnov-Braunau, in: Stifter Jahrbuch 8 (1964), 87–124
Menzel P. Beda Franz, Abt Othmar Daniel Zinke und die Ikonographie seiner Kirchen in Břevnov – Braunau – Wahlstatt, Sonderdruck aus: Studien und Mitteilungen zur Geschichte des Benediktinerordens und seiner Zweige 97 (1986)
Mindera Karl, Die Erneuerung des Doms im Jahre 1724 nach dem Tagebuch von P. K. Meichelbeck, in: Der Freisinger Dom. Hgb. J. A. Fischer (= 26. Sammelblatt des Historischen Vereins Freising), Freising 1967, 197–219
Mois Jakob, Die Beteiligung der Gebrüder Asam am Hochaltar der St. Peterskirche in München, in: Das Münster 7 (1954), 175–181
Mois Jakob, Die ursprüngliche Gestalt der Altäre in der Münchener Asam-Kirche, in: Das Münster 10 (1957), 121–123
Mois Jakob, Das »Asamisch-Maria-Einsiedl-Thal«. Ein Kapitel Künstlerfrömmigkeit der Barockzeit, in: Der Zwiebelturm 13 (1958), 189–194, 218–223
Morsbach Peter, Schloss Alteglofsheim. Geschichte und Gestalt eines altbayerischen Adelssitzes, phil. Diss. Univ. Bamberg 1986
Mundorff Angelika, Die Asamfrauen – Malertöchter der Barockzeit, in: Ausstellungskatalog Electrine und die anderen, a.a.O., 11–37
Mutter Gustav, Genealogische Übersichten, in: Ausstellungskatalog Cosmas Damian Asam a.a.O., 101–104

Noack Friedrich, Die Gebrüder Asam in Rom, in: Kunstchronik 23. Jahrgang 1911/12, Nr. 9, Spalte 129–131

Paula Georg, Ein unbekannter Freskenzyklus von Cosmas Damian Asam in Weltenburg, in: Ars Bavarica 67/68 (1992), 71–88

Penzlin Rita, Stil- und Motivquellen in Werken des Cosmas Damian Asam. Studien zum Dekorationssystem und dessen Vorbildern im Werk Cosmas Damian Asams, phil. Diss. Bonn 1983

Peter Wolf-Dieter, Johann Georg Joseph Graf von Königsfeld (1679–1750). Ein bayerischer Adeliger des Ancien régime (= Regensburger Historische Forschungen Band 7), Kallmünz 1977

Preiss Pavel, Zu den Werken der Asam in Böhmen und Schlesien, in: Ausstellungskatalog Cosmas Damian Asam a.a.O., 69–75

Preiss Pavel, Zu einem wiedergefundenen Knabenporträt von Cosmas Damian Asam, in: Hans Aurenhammer – Evelyn Benesch (ed.), Liber Amicorum Wolfgang Prohaska, Wien 2003, 19f.

Reischl Georg August, Tausendjähriges Sandizell, Sandizell 1948, 114–129

Renner Michael, Archivalien zur Tätigkeit Cosmas Damian Asams für Sünching, in: Ausstellungskatalog Cosmas Damian Asam a.a.O., 83f.

Riess Otmar, Die Abtei Weltenburg zwischen Dreißigjährigem Krieg und Säkularisation (1626–1803) (= Beträge zur Geschichte des Bistums Regensburg Bd. 9) Regensburg 1975, 197–237

Rilke Rainer Maria, Das Florenzer Tagebuch. Hgb. von Ruth Sieber-Rilke und Carl Sieber, Frankfurt a. M. und Leipzig 1994

Rupprecht Bernhard und von der Mülbe Wolf-Christian, Die Brüder Asam. Sinn und Sinnlichkeit im bayerischen Barock, Regensburg 1980

Rupprecht Bernhard, Der Deckenmaler Cosmas Damian Asam, in: Ausstellungskatalog Cosmas Damian Asam a.a.O., 11–27

Sauer Joseph, Die Johann Nepomukkapelle der Stadtkirche zu Messkirch. Mit einem Exkurs über die Nepomukkapelle in Ettlingen. Ein Beitrag zur Geschichte der Brüder Asam, in: Zeitschrift für die Geschichte des Oberrheins (N.F. 36) 75 (1921), 4–51

Saur Allgemeines Künstler-Lexikon Bd. 5 (1992), 371–373

Schadelbauer Karl, Der Vertrag der Stadt Innsbruck mit den Künstler-Brüdern Asam, in: Amtsblatt der Landeshauptstadt Innsbruck Nr. 7 (1950), 4f.

Schadelbauer Karl, Akten zur Baugeschichte der St.-Jakobs-Pfarrkirche (1717–1727), in: Beiträge zur Innsbrucker Kirchengeschichte Bd. 8, Innsbruck 1954, 49–64

Steiner Peter, Johann Baptist Straub (= Münchner kunsthistorische Abhandlungen Bd. IV), München 1974

Stemmermann P. H., Die Ettlinger Schloßkapelle und die Fresken von C. D. Asam, in: Beiträge zur Geschichte der Stadt Ettlingen Bd. 3, Karlsruhe 1964?, 6–63

Thon Christina, Johann Baptist Zimmermann als Stukkator, München–Zürich 1977

Trottmann Karl, Kulturbilder aus Alt-München, Erste Reihe, München 1914, 82f.

Trottmann Helene, Die Zeichnungen Cosmas Damian Asams für den Concorso Clementino der Accademia die San Luca von 1713, in: Pantheon 38 (1980), 158.164

Trottmann Helene, Cosmas Damian Asam 1686–1739. Tradition und Invention im malerischen Werk, Nürnberg 1986

Utz Hans, Sechs Asam-Briefe im Ursulinenkloster Straubing, in: Jahres-Bericht des historischen Vereins für Straubing und Umgebung 68 (1965), 69–77

Vilímková Milada, Archivalien zur Tätigkeit der Brüder Asam in Böhmen und Schlesien, in: Ausstellungskatalog Cosmas Damian Asam a.a.O., 76–82

Wagner-Langenstein Eva, Georg Asam 1649–1711. Ein Beitrag zur Entwicklung der barocken Deckenmalerei in Bayern (= Miscellanea Bavarica Monacensia Heft 120), München 1983

Wagner-Langenstein Eva, Georg Asam und seine Tätigkeit für den Grafen Johann Georg Joseph von Königsfeld in Schloss Schönach, in: Ars Bavarica 25/26 (1982), 47–64

Woeckel Gerhard, Die Ikonographie des Fassadenschmucks am Münchner Asamhaus, in: Schönere Heimat 1952, 38–42

Wolf Friedrich, François de Cuvilliés (1695–1768) (= Oberbayerisches Archiv 89. Band), München 1967

Zollner Hans Leopold, Die Dioskuren des Süddeutschen Barock, in: Beiträge zur Geschichte der Stadt Ettlingen Bd. 3, Karlsruhe 1964, 64–91

Zuber Elfi, Geschichte des Hauses Theatinerstraße 38. Ein Kapitel Münchner Kulturgeschichte, München 1995

Namens- und Ortsregister

Die Abkürzungen in Klammern bedeuten: A = Architekt, B = Bildhauer, Fm = Fassmaler, K = Kupferstecher; M = Maler, Mm = Maurermeister, Schl = Schlosser, Schr = Schreiner, Sm = Steinmetz, St = Stuckateur, Vg = Vergolder.
Cosmas Damian und Egid Quirin Asam sind nicht in das Stichwortverzeichnis aufgenommen.

Albrecht, Balthasar Augustin (M) 131
Aldersbach 8, 34, 58, 70, 137f.
Alteglofsheim 10–17, 22, 40, 56, 60, 73–76, 90–94, 103f., 136, 139
Altötting 55f.
Amberg 22, 31, 60, 71, 77, 116, 137,
Amorbach 133
Appiani, Pietro Francesco (Peter Franz) (St) 20, 30, 56, 59, 60, 64
Asam, Franz Erasmus (Franzl) 41, 44, 48, 108f., 117, 123, 130–134, 135, 141
Asam, Georg 11f., 18–23, 25–27, 30, 41, 55, 59, 60, 64, 69–74, 116f., 134f.
Asam, Maria Anna 14, 41–44, 50, 129f.
Asam, Maria Anna Theresia (Theres) 28, 41, 45f., 105, 110, 123, 128–131, 135

Asam, Maria Clara 42–45, 47, 117, 131f., 134f.
Asam, Maria Eva Elisabeth Katharina (Caty) 41, 45f., 123, 128f., 131, 135
Asam, Maria Margareta Apollonia 42
Asam, Maria Salome 11, 17, 21f., 28f., 31, 35, 41, 46, 63–67, 69, 72, 87, 89f., 109, 116, 135
Asam, Maria Theresia 11, 19, 21–28, 41, 57, 63, 117, 135
Asam, Maria Ursula 42–45, 47, 131, 135
Asam, Philipp Emanuel (P. Engelbert) 41, 49, 50, 72, 77, 83f., 123, 130, 135
Asam, Sr. Johanna Nepomucena *siehe Asam, Maria Anna Theresia (Theres)*
Augusta Sibylle von Baden-Baden, Markgräfin 40, 44, 74, 75, 99, 108

Bächl, Maurus 69, 71, 80
Bader, Joseph (Mm, B, St) 15
Benediktbeuern 19f.,23f., 29, 69, 116, 135, 138
Berger, P. Raphael 71
Bernini, Gianlorenzo (A, B) 32f., 56, 59, 95
Bichl 24
Bílá Hora (Weißer Berg) *siehe Prag Bílá Hora*
Blank, Fr. Philipp (A) 80
Bornschlegel, Johann Philipp (Fm, M) 65, 67, 133, 135
Bornschlegel, Maria Salome *siehe Asam, Maria Salome*
Brant, Sebastian 92
Breitenbrunn 116
Břevnov *siehe Prag, Břevnov*
Bronnbach 134
Bruchsal, Hofkirche (Schlosskirche) 13f., 34, 74f., 69, 99–102, 138f.
Calderón de la Barca, Pedro 614
Caravaggio (M) 90
Carlone, Giovanni Battista (St) 31, 60
Černín, Franz Josef 65
Cham 12, 22, 60, 74
Claudi-Cleer, Franz 120
Cuvilliés, François de 115
d'Allio, Paolo (St) 31
Deggendorf 106
Desmarées, Georg (M) 42
Deusmauer 25, 73
Dientzenhofer, Kilian Ignaz (A) 71, 126
Domenichino 58
Donauwörth 72f.
Dorfen 52, 141
Dubut, Charles (B) 111, 113
Eckartshausen 133
Eckher von Kapfing, Johann Franz, Fürstbischof 23, 70, 109
Eckher, Franz Dominikus 78
Effner, Joseph (A) 111, 113
Einsiedeln 13, 15, 44, 50, 74, 79, 81, 86, 103f., 138
Ensdorf 31, 57, 69–71, 79, 95, 136f.
Ettenhofer, Johann Baptist 107, 127
Ettenhofer, Johann Friedrich 42f., 47
Ettenhofer, Maria Magdalena 42

Ettenhofer, Maria Ursula *siehe Asam, Maria Ursula*
Ettlingen 35, 44, 74, 100, 108, 139f.
Faistenberger, Andreas (B) 30, 57, 59, 117, 136f.
Faistenberger, Benedikt (M) 77
Feichtmayr d. J., Franz Xaver (St) 78
Feichtmayr d. J., Johann Michael (St) 78
Ferdinand Maria, Kurfürst 54, 62
Fintzgut, Maurus 71
Fischer, Johann Michael 42, 72, 115, 125
Francken, Johann Bernhard Freiherr von 17, 76
Frauenbrünnl 22, 56, 60, 73, 116, 136
Frauenzell 140
Freising, Aula des bischöflichen Gymnasiums 23, 30, 70
Freising, Dom 23, 60, 68, 70, 98f., 105f., 109f., 121, 138
Freising, Weihenstephan 23, 56, 70, 105, 136f.
Freystadt 23, 26, 30, 56, 57, 59, 60, 73, 116, 136
Friedberg 47, 51, 77f., 131, 140
Fürstenberg-Meßkirch, Frobenius Ferdinand von 75f.
Fürstenfeld 20, 24, 34, 55, 60, 72, 78, 83, 77, 116, 123, 130, 138f., 141
Füßli d. Ä., Johann Caspar 100
Galli-Bibiena 62
Gherardi, Antonio (A) 32
Girard, Dominique (A) 111
Gmund am Tegernsee 20, 24
Gotteszell 13, 34, 49, 139
Gradl, Theobald I. 70
Gresta, Antonio 75
Günching 31, 74, 137
Gunetzrhainer, Johann Baptist (A) 123
Günther, Ignaz (B) 123
Günther, Matthäus (M) 77
Harenzhofen 27, 63, 73
Hartheim 134
Helfenberg 21, 22, 56, 73, 116
Henriette Maria Adelheid, Kurfürstin 54, 62
Hermann, Franz Georg 58

Heydon, Patritius II. 71
Hohenfels 31, 74, 137
Hohenwarth 45, 110, 128
Huber, Ildephons 23
Ingolstadt 35, 45, 110, 139f.
Innsbruck, Landhaussaal 77, 139
Innsbruck, St. Jakob 34f., 44, 76, 77, 98, 104, 138
Johann Theodor, Fürstbischof von Freising 50, 99, 106
Karl Albrecht, Kurfürst 122
Karl Philipp von der Pfalz, Kurfürst 75, 100
Karlsbad 40
Kellerer, Liebhard 72, 107
Kirchenröttenbach 26
Kißlegg 110f., 137
Kladrau 12, 34, 65, 71, 138
Kleinalfalterbach 73
Knechtl, Kaspar 128, 135
Knechtl, Maria Eva Elisabeth Katharina *siehe Asam, Maria Eva Elisabeth Katharina*
Königsfeld, Johann Christian Adam von 74
Königsfeld, Johann Georg II. 10, 12f., 22, 25, 73, 76, 92
Kray, Johann Adrian 118, 122
Laingruben 29, 116
Landshut 21, 40f.
Lažanská, Maria Gabriela 65f.
Lažanský, Grafen 65
Lechner (Lehner), Malachias 70
Lengenfeld 73
Lichtenberg, Jagdschloss 75, 114, 138
Lindtmayr, Franz Philipp 123
Ludwig XIV., König 11, 54, 55
Luti, Benedetto 58
Maag, Leonhard Georg 13–15, 17, 40, 103
Manětín 65, 67, 140
Mannheim 10, 14, 41, 45, 49, 67f., 127
Mannheim, Jesuitenkirche 44, 51–53, 108, 140f.
Mannheim, Schloss, Rittersaal 13, 75, 95, 139
Mannheim, Schloss, Haupttreppenhaus 13, 34, 75, 95
Mannheim, Schloss, Schlosskirche 13, 34, 75, 95, 138
Manninger, Karl (M) 121
Maratti, Carlo (M) 58
Markt Rettenbach 114
Max Emanuel, Kurfürst 11, 55, 75, 111f.
Meichelbeck, P. Karl 32, 70, 98
Meßkirch 35, 76, 106, 139f.
Metten 138
Michelfeld 31, 58, 63, 69–71, 79, 87–90, 95, 137
Millon, Quirin 57
Moretti, Carlo Brentano 60
Mörl, Franz Anton 76f., 130
Mörl, Franz Christoph 77
Mörl, Franz Joseph (K) 42, 67f.
Mörl, Maria Anna 68, *siehe auch Asam, Maria Anna*
München 10, 14, 20, 40f., 54, 55
München, Alte Sollner Kirche 119
München, Asam-Schlössl *siehe München, Maria Einsiedel*
München, Claudi-Cleer-Haus 77, 120, 136
München, Dreifaltigkeitskirche 31, 34, 77, 79, 136f.
München, Frauenkirche 28, 50, 52
München, Heilig-Geist-Kirche 13, 34, 95, 138
München, Karlstadt 122
München, Klarissenkloster am Anger 49, 114
München, Maria Einsiedel 13, 34, 45, 47f., 50, 72, 85, 97, 118–122, 138f.
München, Prechhaus (Militärlazarett) 51
München, Residenz, Reiche Kapelle 127
München, Ridlerkloster 123
München, Schleißheim 72, 75, 77, 114, 127, 138
München, St. Anna im Lehel 13, 34, 72, 95, 107, 139f.
München, St. Lorenz 140
München, St. Johann Nepomuk 35, 51, 53, 59, 67, 106, 109, 122f., 132, 139f.

147

München, St. Peter 43, 107, 114
München, Thalkirchen *siehe München, Maria Einsiedel*
München, Theatinerkirche 60
München, Wohnhaus Hintere Schwabinger Gasse *siehe Wohnhaus Theatinerstraße*
München, Wohnhaus Sendlinger Straße (Sendlinger Gasse) 45, 51, 67, 107, 122–127, 132, 139
München, Wohnhaus Theatinerstraße 24, 27, 30, 43, 47, 115, 117f., 131f.
Neumann, Balthasar (A) 111, 127, 133
Neumann, Franz Ignaz Michael 133
Neunkirchen am Sand 26
Neustadt a. D. 140
Neureuther, Wenzel (M) 126
Niederalteich 120
Niederau 134
Oberhuber, Bonaventura 57, 69
Oberkessach 134
Oberzell 133
Oefele, Andreas Felix 52
Osterhofen 10, 13f., 35, 40, 72, 90, 93f., 95f., 139f.
Passler Jakob 7, 99
Perti, Niccoló (St) 11, 20–22, 25, 30, 56, 59f.
Pichler, Johann Adam (Schr) 12, 112
Pielenhofen 63
Pirkensee 76, 139
Pozzo, Andrea 58
Prag 14, 34, 126
Prag, Bílá Hora (Weißer Berg) 13, 71, 110, 138
Prag, Břevnov 12, 44, 71, 130, 133, 138
Prag, St. Johannes Nepomuk na skalce 126
Prag, St. Niklas in der Altstadt 35, 44, 65, 72, 131, 139f.
Priesterhausstiftung St. Johann Nepomuk 123
Prugger, Maria Theresia *siehe Asam, Maria Theresia*
Prugger, Niklas (M) 18f., 23f., 115
Prugger, Rosina 24
Rastatt 74, 100

Regensburg, Augustinerkirche 31, 76, 137, 139
Regensburg, Jesuitenkirche 31, 76, 104, 137
Regensburg, Kapuzinerkloster 31, 137
Regensburg, Karthaus-Prüll 60
Regensburg, St. Emmeram 7, 35, 76, 95, 139
Regensburg, St. Emmeram, Klosterbibliothek 51f., 99, 126, 140
Rembrandt (M) 87
Ricci, Sebastiano 58
Ringswerger, Wolfgang 69
Rohr 15, 32f., 59, 60–62, 70f., 81, 137
Röls, Amandus 72
Rom 57–59
Rom, S. Carlino 126
Rom, Via delle Quattro Fontane 126
Rom, Accademia di S. Luca 29, 57f.
Rom, Capella di S. Cecilia 32
Rom, Petersplatz, Kolonnaden 95
Rom, S. Agnese in Agone 57
Rom, S. Andrea al Quirinale 32
Rom, S. Peter, Cathedra Petri 33
Rössl (Sm) 11
Rott am Inn 19
Saatzer, Norbert 51
Sancta Clara, Abraham a 90f.
Sandizell 108, 140f.
Sandrart, Joachim (M) 18, 54
Santurini, Francesco (B) 62
Scheles 65
Schmid, Adam Thomas (Fm, Vg) 67
Schmidt, Maria Salome *siehe Asam, Maria Salome*
Schnaittach 25f., 29, 104, 136
Schönach 10f., 22, 25, 30, 56, 60, 73, 116, 136
Schönborn, Hugo Damian von, Kardinal 40, 69, 74f., 92, 99–102
Schöntal an der Jagst 131, 134
Seefeld 77
Seinsheim, Graf von 111
Singspiller, Maria Clara *siehe Asam, Maria Clara*
St. Coloman (Koloman) 25, 73, 136
Stauder, Jacob Carl (M) 72f.

Steinhausen 94
Stickler, Martin 77
Strädisch 35, 65, 140
Straßburg 31, 80
Straub, Johann Baptist (B) 115, 123
Straubing 22, 36, 46, 49, 51f., 60, 97f., 105, 123, 128–130, 136, 140f.
Stuber, Franz Lorenz (M) 121
Stuber, Gottfried Nikolaus (M) 12, 24
Stuber, Josef Anton (M) 121
Stuber, Maria Clara 24
Sulzbach 23, 28, 57, 116, 136
Sünching 111
Tegernsee 20, 24, 30, 55, 57, 60, 69, 116
Theodor Eustachius, Herzog von Sulzbach 23, 28, 74
Tilly, Lorenz Franz Xaver von 11, 21f., 25, 27, 56, 73f., 116f
Traidendorf 60
Üblhör, Johann Georg (St) 12
Unertl, Franz Joseph von 112f.
Vasallo, Giuseppe (St) 60
Vilshofen 141
Viscardi, Giovanni Antonio (A) 10, 20–22, 30, 56f., 59, 72f., 116
Vlach, Anselm 72
Vogel, Konrad Johann (B) 26
Volpini, Giuseppe (B) 112
Wagner, Johann (St) 105
Wahlstatt 35, 65, 71, 95, 139
Walderbach 49, 70, 137
Waldsassen 55
Walkertswinn 25
Walldürn 133
Wegscheider, Joseph Ignaz (M) 76
Weinberger, P. Albertus 98
Weingarten 34, 44, 58, 72, 77, 95, 137
Weißenohe 137
Weltenburg, Frauenbergkirche 70, 136
Weltenburg, Klosterkirche 12, 32–36, 59f., 62, 69, 71, 78–82, 94, 98, 105f., 109, 131f., 137–140
Wening, Michael (K) 68, 115
Wessobrunn 15
Wettenhausen 136
Wieninger, Paulus 72
Wolf, Michael (Mm) 12
Wolfsegg, Graf von 77
Würzburg 65, 67, 127, 133
Zimmermann, Dominikus (A, St) 94, 106, 114
Zimmermann, Franz Michael 115
Zimmermann, Johann Baptist (St, M) 12, 114
Zinke, Othmar 71, 72
Zucalli, Henrico (A) 20f., 56, 57

Bildnachweis

Achim Bunz, München: S. 124
Bayerisches Landesamt für Denkmalpflege, Bildarchiv: S. 121
Anke Borgmeyer, München: S. 125
Diözesanmuseum Freising: S. 84, 86
Franz Kälin, Einsiedeln: S. 81 (beide)
Martin Mádl, Prag: S. 133
Ludwig Meyer, München: S. 85
Peter Morsbach, Karlstein: S. 33, 36, 37, 78, 82, 88, 89, 91 (mit frdl. Erlaubnis des Staatlichen Bauamts Regensburg), 93, 95, 120, 129
Klemens Unger, Regensburg: S. 97
Ursulinenkloster Straubing: S. 128

Stadtarchiv München: S. 118
Josef Zink, Regensburg: S. 48

Umschlagmotive: Vorderseite: Cosmas Damian und Egid Quirin Asam, die wechselseitigen Portraits in der Klosterkirche Weltenburg (Foto: Gerald Richter, Regensburg); Rückseite: Egid Quirin Asam: Die Assunta. Ausschnitt aus dem Hochaltar der Klosterkirche Rohr, um 1723 (Foto: Peter Morsbach, Karlstein)

Hauptorte des Schaffens der Brüder Asam

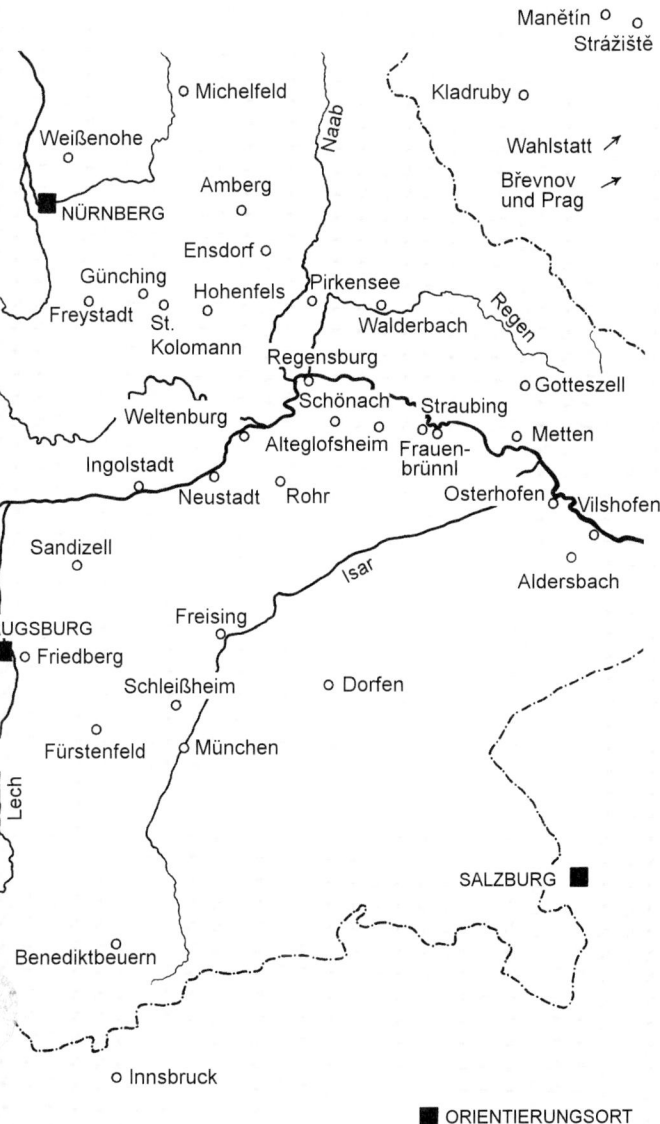

Bibliografische Information der Deutschen Nationalbibliothek
Die Deutsche Nationalbibliothek verzeichnet diese Publikation
in der Deutschen Nationalbibliografie; detaillierte bibliografische
Angaben sind im Internet über http://dnb.dnb.de abrufbar.

© 2011 Verlag Friedrich Pustet, Regensburg
Gutenbergstraße 8, 93051 Regensburg
Tel. +49 (0)941 / 920220, verlag@pustet.de

3. Auflage 2026

ISBN 978-3-7917-2353-2
Reihen- und Umschlaggestaltung: www.martinveicht.de
Satz: Vollnhals Fotosatz, Neustadt a. d. Donau
Druck und Bindung: Friedrich Pustet, Regensburg
Printed in Germany 2026

Diese Publikation ist auch als eBook erhältlich:
eISBN 978-3-7917-6131-2 (epub)

Unser gesamtes Programm finden Sie unter
www.verlag-pustet.de